Jesús Ángel Fernández Arrieta

Prólogo de Javier Melloni, SJ

En tu presencia

Oración, consciencia y meditación

NARCEA, S.A. DE EDICIONES

Paseo Imperial 53-55. 28005 Madrid. España
www.narceaediciones.es

Imagen de cubierta: "Luz desvelada", serie "Desprendimiento", de Rosa Bustillo

ISBN papel: 978-84-277-3177-6
ISBN ePdf: 978-84-277-3178-3
ISBN ePub: 978-84-277-3179-0
Depósito legal: M-14603-2024

Impreso en España. Printed in Spain

A Pedro Mari,
gran amigo y compañero
en los senderos de la Vida.

ÍNDICE

PRÓLOGO. *Javier Melloni, SJ* **9**
INTRODUCCIÓN **13**
1. En tu silenciosa paz 22
2. Quiero escuchar tu voz 26
3. Despiértame a la Vida 30
4. Eres plenitud 34
5. Amor creativo 38
6. Todo cobra sentido 42
7. Aliento de vida 46
8. Transito por tu paz 50
9. Consciencia 54
10. Sediento de ti 58
11. ¡Gracias! 62
12. Solo Tú 66
13. Con mirada limpia 70
14. Fluir contigo 74
15. Melodiosa armonía 78
16. Sinfonía de amor 82
17. Aquí y ahora 86
18. Confío en ti 90
19. Desde tu silencio 94
20. En la tormenta 98
21. Mirada compasiva 102
22. Sin ti no soy nada 106
23. Mirada bondadosa 110

24. Serena ecuanimidad 114
25. Somos tu sueño 118
26. El que eres 122
27. Danos tu paz 126
28. Somos uno contigo.. 130
29. Estás aquí 134
30. Contigo soy todo... 138
31. En tu quietud 142
32. Corazón compasivo 146
33. Portador de esperanza (Adviento)................... 150
34. En camino (Adviento) 154
35. Vivir y esperar (Adviento) 158
36. Una inmensa alegría (Adviento) 162
37. Irrumpe la Vida (Navidad)................................ 166
38. Todo está en ti (Navidad).................................. 170
39. No busquéis estrellas (Epifanía) 174
40. Tierno y compasivo (Cuaresma)....................... 178
41. Tu voz se hace silencio (Cuaresma) 182
42. Desde la oscuridad (Cuaresma) 186
43. Agua viva (Cuaresma)....................................... 190
44. El camino a casa (Cuaresma)........................... 194
45. Del vacío a la luz (Cuaresma)........................... 198
46. Amor sin límites (Jueves Santo)....................... 202
47. Vacuidad (Viernes Santo)................................. 206
48. Regresar a la tierra (Sábado Santo)................ 210
49. Nos inunda tu Luz (Domingo Pascual) 214
50. Manantial de Vida (Pascua)............................. 218
51. Busco tu rostro (Pascua) 222
52. Piedra angular (Pascua) 226
53. Compañero del camino (Pascua) 230
54. Bienaventurados (Pascua) 234
55. Maternidad (María, Madre de Jesús)............... 250

Prólogo

Nos hallamos ante un tiempo emergente donde un mundo está acabando y otro comienza. En medio de este tránsito civilizatorio, cada vez está más extendida una mirada integral capaz de ver a Dios, al ser humano y al mundo de un modo nuevo, en una unidad y profundidad mayores. Ello es fruto, a la vez que requiere, de una manera nueva de orar.

Una clásica sentencia latina dice: *Lex Orandi, Lex Credendi,* es decir, el modo de orar procede del modo del creer, pero también sucede al revés: la manera de orar transforma la manera de creer.

Esto es lo que está implícitamente contenido en el título de esta obra: *En tu Presencia.* La presencia de Dios se percibe inseparablemente de la presencia de uno mismo, de los demás y de las cosas y ello es propiciado por la propuesta orante-meditativa que se presenta en estas páginas. El autor, sin duda alguna, es una persona tomada por Dios y por la contemplación; de otro modo no las hubiera podido escribir. Como hermano de la Salle que es, tiene un instinto pedagógico innato, a la vez que bien afinado y trabajado.

Este libro es el fruto maduro de un largo recorrido. Se percibe por la densidad y unción de las palabras que utiliza, por los textos bíblicos y evangélicos que elige, por los salmos que recrea y por los temas que propone. No es fácil hallar una combinación tan armoniosa y equilibrada en la iniciación a la meditación contemplativa.

Hay mucha unción y creatividad en los cincuenta y cinco ejercicios que se presentan. Son unidades muy pedagógicas que recorren unos pasos bien precisos, acompañados por la belleza de un lenguaje de quien ha encontrado la palabra esencial al haberla sumergido en el silencio y en el gesto.

En estas páginas están presentes lo antiguo y lo nuevo, la oración al Tú de Dios y el Silencio que trasciende la dualidad yo-tú. Un Tú que se acaba descubriendo como la profundidad del yo del cual vuelve a resurgir el anhelo del Tú divino.

La ola es el mar, pero hay mucho más mar que la ola. Cuando la ola está sumergida en el mar, se siente parte del Todo y queda enmudecida de tanta Presencia, pero cuando la ola vuelve a elevarse e individualizarse, y ve la Inmensidad azul que se despliega ante ella, exclama: "¡Oh, Tú!". Ambos momentos de la ola en su relación con el Mar son plenos y verdaderos, y ambos tiempos –el Silencio de la unión y la Palabra de la relación– están presentes en esta propuesta orante-meditativa. La oración es el tiempo del Tú; la meditación es el tiempo de silencio donde ningún pronombre aparece porque no hay dos.

No estamos ante un libro para leer sino para practicar. Los ejercicios que nos ofrece el autor disponen de un modo muy eficaz para abrirse a la Presencia de Dios que brota desde todas las presencias, así como de la profundidad de cada corazón.

De aquí se desprende una tercera frase latina que completa las primeras que hemos mencionado: *Lex vivendi*. El modo de orar y de creer lleva a un modo de vivir que nos sitúa ante otra manera de estar, ante todo. Se trata del cambio de paradigma del hacer al ser, del ruido al silencio; entiendo a este no como mutismo, que sería el secuestro y la usurpación de la palabra, sino como la condición de posibilidad para escuchar y pronunciar palabras verdaderas, hasta llegar a convertir nuestra propia vida en la Palabra esencial que ofrecemos al mundo.

JAVIER MELLONI SJ

INTRODUCCIÓN

DESDE LA MEDITACIÓN CONSCIENTE

En presencia. Siempre estamos en presencia de la fuente de la que emana todo ser y constituye el impulso vital, la energía del espíritu y la serenidad que nos colma de paz y de amor.

En presencia, siempre en presencia, inmersos en el Gran Ser esencial que nos envuelve, que habita en nosotros, que nos sostiene y en el cual nos movemos, existimos y respiramos. Nuestra vida fluye en el océano de esta Gran Presencia: el aliento divino donde todo, simplemente, es.

La práctica de la oración, individual o colectiva, constituye un tiempo privilegiado para adoptar un estado de plena consciencia y de atención profunda que nos permita darnos cuenta de que nos hallamos ante el Misterio que abraza todo nuestro ser. Se trata de un acto comunicativo que va más allá de la reflexión o de las palabras. Es la llave que abre la puerta a una comprensión más honda de esa realidad espiritual que nos conecta con la divinidad en un nivel íntimo y profundo. Así entendida, la meditación se revela como la forma de oración consciente que propicia el encuentro con Dios y suscita el horizonte de un camino espiritual que conduce a una de las experiencias más ricas y significativas del ser humano.

Cada vez es más frecuente encontrarse con personas que consideran la meditación como una práctica esencial y la incorporan a su vida cotidiana, reconociendo que este modo de orar no solo les proporciona mayor estabilidad emocional, sino que también les ayuda a experimentar notables beneficios físicos, mentales y espirituales. Los impactos de la meditación en la salud integral han sido exhaustivamente estudiados en campos como la psicología, la medicina y la neurociencia. En este sentido, no es de extrañar que desde mediados del siglo XX hayan emergido terapias fundamentadas en las prácticas meditativas.

Son numerosas las personas que encuentran en la meditación un camino profundo de desarrollo espiritual. Las tradiciones filosófico-religiosas de Oriente, en especial el vipassana, el anapana y el zen, han adoptado a lo largo de los siglos la práctica meditativa, asociándola al crecimiento interior. De manera análoga, a partir del siglo IV, los padres y madres del desierto reconocieron la oración silenciosa y la recitación mental de palabras o frases cortas como uno de los métodos espirituales más adecuados para alcanzar la armonía con Dios. Este movimiento espiritual ha dejado una huella significativa a lo largo de la historia de la Iglesia y sus enseñanzas y prácticas siguen siendo altamente valoradas.

Figuras como Hildegarda de Bingen, Francisco de Asís, el maestro Eckhart, Margarita Porete, Juan de la Cruz y Teresa de Ávila son solo algunos ejemplos significativos de la presencia de los místicos en el seno de la Iglesia. Tampoco podemos dejar de mencionar figuras contemporáneas como Charles de Foucauld, Edith Stein, Etty Hillesum, Thomas Merton, John Main, Franz Jalics o Willigis Jäger.

En la actualidad, existe un crecimiento significativo de cursos basados en la meditación espiritual dentro del ámbito cristiano. Son encuentros dirigidos por reconocidos maestros que gozan de una amplia experiencia espiritual, que ofrecen un valioso servicio a quienes desean profundizar en su práctica meditativa enraizada en la tradición cristiana.

En la líquida y compleja sociedad en la que nos hallamos inmersos, es crucial mantenerse alerta para no perdernos entre el ruido y la prisa ni dejarnos seducir por el omnipresente reclamo de las tecnologías, capaces de limitar nuestro ya deteriorado nivel de atención y de hacer peligrar nuestra amenazada capacidad de reflexión. El estrés, la vacuidad, la banalidad y la falta del sentido de la vida caracterizan nuestros días. Hoy, más que nunca, necesitamos quietud, armonía y paz interior que nos ayuden en la búsqueda de la integración física, psicológica y espiritual. En este contexto, cobran pleno sentido el silencio, la oración y la meditación que nos permiten reconectar con nuestro ser más profundo para sumergirnos en la presencia de Aquel que da significado a toda la existencia.

Todo ello está simbólicamente representado en la obra pictórica que la reconocida autora Rosa Bustillo ha creado expresamente para ilustrar la portada de este libro. Se titula "Luz desvelada" y pertenece a la serie pictórica "Desprendimiento". Cuando nos desprendemos de lo accesorio y anecdótico, de lo insignificante o trivial, se abre paso la luz, esa luz interior que ilumina y da sentido a la vida.

Situarse en el silencio orante supone abismarse en la búsqueda de uno mismo y en el encuentro con Dios, que siempre nos espera. Un encuentro que, como bien relata la tradición mística, no está exento de oscuridad ni de dificultades, pero que siempre es fuente de liberación, de sanación y de Luz.

Este es el objetivo de estas páginas: ofrecer un recurso que, desde la calma y el silencio, nos ayude a tomar conciencia de nuestra presencia ante el Señor de la Vida y del Amor capaz de transformar nuestras vidas.

UN CAMINO DE ORACIÓN

El material que tienes en tus manos nace de la experiencia del proceso de crecimiento espiritual llevada a cabo con grupos de oración, en diferentes contextos. Está basado en la Palabra, la consciencia y la meditación. Se trata de un conjunto de 55 oraciones que, aunque abarcan el año litúrgico, son adaptables a las necesidades o preferencias de la persona o del grupo que las vaya a poner en práctica.

El tiempo dedicado a cada uno de los momentos de oración puede oscilar entre los 20 y los 40 minutos, dependiendo de la experiencia del grupo y del periodo dedicado al momento específico de meditación. Es importante disponer de un lugar tranquilo y acogedor que facilite el aislamiento del bullicio cotidiano, filtre la sobrecarga de estímulos e impida la agitación mental.

El libro *En tu presencia*, a modo de manual, no es un método de oración sino un conjunto de oraciones con una metodología específica, cuyo propósito es invitar a situarse en un nivel sencillo pero profundo que posibilite tomar conciencia del encuentro con Dios que tiene lugar en lo más íntimo de nosotros. Cada una de las oraciones consta de varios apartados que proporcionan unidad y coherencia a cada sesión.

ESTRUCTURA DE CADA SESIÓN

Todas las sesiones contienen la misma estructura:

1. *Breve reflexión*

Sumerge al participante en el tema central sobre el que gravita la oración.

2. *Invocación*

Breve plegaria que invita a acogerse al Misterio y a solicitar el sostén necesario para el desarrollo de este encuentro.

3. *Silencio y Consciencia*

Momento dedicado a sintonizar con el propio cuerpo con el fin de suscitar la quietud y la calma para facilitar la toma de consciencia en el espacio y el momento presentes. En cada oración se presenta una sencilla técnica.

4. *Oración*

A través del lenguaje oral se expresan y suscitan experiencias de vida, situaciones sociales, anhelos y deseos íntimos, nuestros propios temores y necesidades, la admiración y la aclamación ante lo que nos sostiene y nos rodea. En cada sesión se ofrece un salmo adaptado, una plegaria o un poema.

5. *Lectura de la Palabra*

Un breve pasaje bíblico que aporta significado y cohesión a la oración. La Palabra de Dios se presenta como una llamada que ilumina e interpela, que anima y da vida, que fortalece y guía nuestra existencia.

6. *Meditación*

Es el momento más íntimo. Una invitación personal a mantenerse en total y profunda actitud contemplativa. Es un espacio de vaciamiento, de escucha y de soledad ante la Gran Presencia que todo lo llena. Por medio de la quietud, y centrándose en la respiración, se acallan los pensamientos, se serenan las emociones y se emprende el camino hacia el crecimiento y la transformación. La duración de este momento dependerá de la disponibilidad de la persona o del proceso de desarrollo del propio grupo. El manual ofrece indicaciones sencillas y precisas sobre la respiración, la postura corporal y el manejo de los pensamientos y las emociones.

Se presentan dos modalidades de meditación: la primera, emplea un mantra (palabra o frase breve); la segunda, se centra en el silencio a través de la simple observación de la respiración. La utilización de un cronómetro con cuenta atrás facilitará la gestión del tiempo durante la práctica. Se sugiere comenzar y finalizar cada sesión de meditación con el sonido de una campana.

7. *Gesto compasivo*

La oración cristiana va más allá de la autocomplacencia y del encuentro con el propio yo; exige orar por las necesidades próximas o lejanas y ejercitar la misericordia o compasión. La compasión es parte inherente de la práctica cristiana y constituye un sentimiento esencial entre los seguidores de Jesús. Compasión es "padecer con el otro"; algo que va más allá de la empatía y que conlleva ponerse en el lugar del otro. La compasión implica un compromiso activo para aliviar, reducir o eliminar, en la medida de lo posible, el sufrimiento de los semejantes. En cada sesión se invita a evocar, durante unos segundos, situaciones y personas concretas que se encuentran en circunstancias dolorosas y que necesitan ayuda.

El ritual que se sugiere es siempre el mismo: colocar las manos cruzadas junto al pecho, espacio que se identifica con las emociones, y bajar la cabeza, como expresión de sincero recogimiento y de humilde súplica. Este acto permite la toma de conciencia para presentar, a modo de petición, las necesidades más apremiantes y, por supuesto, para suscitar el compromiso de contribuir a remediarlas en la medida de nuestras posibilidades. Un toque de campana indica el fin de este breve momento dedicado a la compasión.

8. *Oración final*

Es el colofón que cierra este tiempo de oración meditativa pero que abre el camino para continuar haciendo de la vida cotidiana una senda de oración y meditación viva, consciente y comprometida.

Espero y deseo que este material pueda serte útil en tu proceso de crecimiento espiritual, así como en la expresión de la fe y la meditación en grupo.

Miniatura. Interpretación realizada por el autor sobre el folio 102r de *Los Cánticos Rothschild: La Trinidad.*

Oración

Aquí estoy, Señor,
con mi pequeña presencia,
ante tu Gran Presencia.

Tú eres la luz:
iluminas mis días,
das sentido a mi vida
y disipas mis sombras.

Tú eres la Paz:
serenas mi espíritu,
calmas mis fatigas
y alivias mis tristezas.

Tú eres el Amor:
me conectas con todas las criaturas.

Tú eres el Silencio:
armonizas toda mi existencia.

Señor: Tú eres. Yo soy.
Aquí estoy.

1

En tu silenciosa paz

En la silenciosa paz del Misterio que nos acoge, nos reconocemos sencillos y auténticos. Aquí y ahora, conscientes de nuestra humilde presencia, encontramos la serenidad de quien sabe que ha llegado al hogar del que nunca partió.

Invocación

Aquí estamos, Señor, en tu presencia.
Danos la paz, tu paz.

Silencio y Consciencia

Cierra los ojos... Relaja la frente... el rostro...
los hombros... Observa la respiración...
Prolonga la expulsión del aire al espirar.
Toma conciencia del lugar en que te encuentras.
Percibe el espacio que ocupas.
¿Estás cerca o lejos de la puerta?...
¿Qué hay delante de ti?... ¿y detrás?...
Recuerda algunos elementos de la sala...
¿Qué personas se encuentran a tu lado?...
Sé consciente de que "tu pequeña presencia"
se encuentra sumergida en la "Gran Presencia" ...
Siéntete acogido por esta silenciosa paz.
Permanece respirando con calma durante
unos minutos.

Oración
(Inspirada en el Salmo 66)

Tu amor nos libera; tu presencia nos guía;
tu bondad nos colma de alegría.

Es fácil sentirse derrotado ante las dificultades;
resulta sencillo dejarse seducir por el mal;
pero Tú nos guías por los inciertos caminos
de la vida, contigo a nuestro lado,
caminamos seguros.

Somos hijos de Adán, polvo en medio del camino;
semillas que el aire se lleva en un suspiro.
Poco duran nuestros efímeros días;
somos huellas fugaces en la arena.

La esperanza no se colma con ilusiones vanas,
ni se enmascara la bondad con palabras torcidas,
ni el amor se disfraza con brillos de hojalata,
ni se conquista la libertad con cofres de bisutería.

Tú eres el amor, la bondad, la libertad,
la dicha que nada ni nadie puede procurarnos,
la roca, la ciudadela, la muralla, el refugio...
Eres fortaleza, esperanza; eres todo.

Tu amor nos libera; tu presencia nos guía;
tu bondad nos colma de alegría.

Lectura de la Palabra
(1R 19, 11-13)

Entonces dijo: "Sal y ponte en el monte delante del Señor". Y he aquí que el Señor pasaba. Y un grande y poderoso viento destrozaba los montes y quebraba las peñas delante del Señor; pero en ese viento no estaba el Señor. Después del viento, un terremoto; pero el Señor no estaba en el terremoto. Después del terremoto, un fuego; pero el Señor no estaba en el fuego. Y después del fuego, el susurro de una brisa apacible.

Y sucedió que cuando Elías lo oyó, se cubrió el rostro con su manto, y salió y se puso a la entrada de la cueva. Y he aquí que una voz vino a él y le dijo: "¿Qué haces aquí, Elías?".

Meditación

Inspira, y al espirar repite mentalmente:
Aquí estoy.

Gesto compasivo

Inclina la cabeza y coloca tus manos cruzadas sobre el pecho.
Siente que tú eres un humilde buscador de Dios, digno de compasión.
Evoca a personas conocidas que necesitan encontrarse con el Misterio, que tal vez lo buscan, pero que no saben o no pueden hallarlo.

Oración final

Aquí estoy,
entregado al silencio y la quietud,
sumergido en la intimidad de tu presencia,
sobrecogido por tu bondad sanadora.
Aquí estoy, Señor.

Aquí y ahora
consciente de mi pequeñez,
de mis limitaciones y fracasos
de mis afanes, proyectos y utopías.
Aquí y ahora, Señor.

Sediento de ti,
busco la paz que de ti llega.
Nada permanece ni perdura.
Solo Tú estás y eres
el sentido de cuanto existe.
Sediento de ti, Señor.

Abrazado al sentido de tu amor
que todo lo bendice y lo transforma;
atento a tu presencia compasiva
que ennoblece y justifica mi existencia.
Abrazado al sentido de tu amor, Señor.

2

Quiero escuchar tu voz

En medio de los quehaceres cotidianos, sentimos que el Señor nos acompaña. La atención y la consciencia nos permiten ir más allá de las apariencias para encontrar el sentido de lo que hacemos. Cuando escuchamos su voz, vemos con claridad, actuamos con amor, se enciende nuestra esperanza. Y, entonces, todo cambia.

Invocación

Señor, estamos atentos a tu voz.
Aviva nuestro espíritu adormecido.

Silencio y Consciencia

Cierra los ojos... Relaja todo tu cuerpo.
Toma conciencia del lugar en que te encuentras.
Observa la respiración: siente en tu nariz el frescor
del aire que inhalas... y que regresa cálido
a la atmósfera. Continúa atento a tu respiración.
Inspira y, en cada exhalación, cuenta mentalmente
de forma descendente, del 5 hasta el 1. Hazlo varias
veces. Siente que eres escuchado en la paz y el silencio
de Dios. Adopta el compromiso de atender
a las señales que te proporcionan las situaciones
y los acontecimientos de la vida diaria.
Sobre todo, permanece atento a la presencia
de las personas que caminan a tu lado. Atiende al
lenguaje con el que Dios se expresa. Escucha su voz.

Oración

Presencia, luz sin velo,
tu amor nos hace libres en medio del silencio.

En medio del ruido y del bullicio,
rodeados de vulgaridad y de monotonía,
queremos despertar al equilibrio,
a la paz que nos habita para escucharte,
Señor, con calma en el silencio.

Cansados de discursos vacuos y anodinos,
de promesas vacías, perdidas, sin afecto,
abatidos por la dispersión y la incoherencia
buscamos tu serena voz en el silencio.

Consternados por el odio y la barbarie,
hartos de tanto fanatismo y atropello,
anhelamos senderos de moderación
y la armonía que nos conduce
con tu templada voz hacia
el silencio.

Indignados ante tanto desorden e injusticia,
sentimos compasión por la desdicha ajena
y nos comprometemos a dignificar la vida
inspirados por la serena lucidez de tu silencio.

Presencia, luz sin velo,
tu amor nos hace libres en medio del silencio.

Lectura de la Palabra

(1S 3, 2-10)

Una noche, estando Elí acostado en su habitación y Samuel en la suya, el Señor llamó a Samuel y éste fue corriendo a donde estaba Elí y le dijo: "Aquí estoy. ¿Para qué me has llamado?". Dijo Elí: "No te he llamado. Vuelve a acostarte". Samuel se fue a acostar y escuchó que el Señor le llamaba. Se levantó, fue junto a Elí y le dijo: "Aquí estoy, porque me has llamado". "No te he llamado, hijo mío. Vuelve a acostarte". Por tercera vez llamó el Señor a Samuel; fue a donde estaba Elí y le dijo: "Aquí estoy. ¿Qué deseas?".

Comprendió Elí que era el Señor quien llamaba al joven y dijo a Samuel: "Acuéstate y si te llaman, responde: 'Habla, Señor; tu siervo escucha'".

Meditación

Inspira, y al espirar di mentalmente:

Escucho tu voz, Señor.

Gesto compasivo

Inclina la cabeza y coloca tus manos cruzadas sobre el pecho.

¿Eres sensible a las necesidades de los demás?

Toma conciencia de que necesitas mejorar tu capacidad de escucha a las personas que sufren.

Presta atención a la llamada de alguna persona conocida... lo está pasando mal y necesita ayuda... Siente tu deseo de aliviar su dolor.

Oración final

En los días luminosos y alegres
que reconfortan nuestro ánimo,
escuchamos tu voz.

En las monótonas e intensas jornadas
pobladas de fatigas y debilidades,
escuchamos tu voz.

En las noches de insomnio,
abrumados por el pesimismo,
las pérdidas, las ausencias y la melancolía,
escuchamos tu voz.

En medio de las personas
con las que compartimos tareas,
confidencias y ternuras,
escuchamos tu voz.

En el dolor de quienes sufren, anhelan atención
y compañía para compartir sus penas,
escuchamos tu voz.

En cualquier circunstancia,
por simple y trivial que nos parezca,
escuchamos tu voz.

En el silencio, en la intimidad serena
de tu amorosa y discreta presencia,
escuchamos tu voz.

Señor,
hoy, aquí y ahora, escuchamos tu voz.

3

Despiértame a la Vida

Una vida atenta nos permite conectar con lo más profundo de nuestra existencia y con todos los seres vivos. Vivir de modo consciente es abrir los ojos de la mente y del corazón para permitir que emerja lo mejor y lo más genuino de nuestro interior.

Invocación

Señor, acógenos en tus brazos.
Tu presencia amorosa nos despierta a la vida.

Silencio y Consciencia

Cierra los ojos. Sitúate en una postura cómoda y atenta. Respira con calma...
Centra la atención en las sensaciones de tus manos, en las pulsaciones...
Sitúa tu atención en los ojos... Relaja los párpados... céntrate en el fondo de los globos oculares...
Lleva tu atención a tus oídos. Escucha los sonidos cercanos... los lejanos...
Pon la atención en la boca... Relaja los labios... la lengua... observa la humedad... el sabor...
Centra la atención en tu corazón. Atiende al ritmo de las palpitaciones...
La Vida se expresa en ti... Siente gratitud...
Dios está en tu vida...
Es Dios quien llena toda tu existencia.

Oración
(Inspirada en el Salmo 62)

Mi salud, mi sentido, mi alegría.
Despiértame a la vida.

Tú eres el bien de mi vida.
Soy como tierra reseca, agostada, sin agua
que despierta cada amanecer sediento de ti.

Te descubro en cada detalle del universo;
todas tus maravillas me sobrecogen...
Sé que, por encima de todo,
me amas y me bendices;
por eso no me canso de alabarte y
de decir cosas buenas de ti.

Deseo hacer de mi vida una canción de amor,
celebrar sin descanso la alegría de tu presencia,
aprovechar cualquier motivo
para disfrutar de tus dones
y cantar para ti con gratitud y entusiasmo.

Cada noche, al acostarme, siento tu presencia
amorosa; y, al despertar, pienso en ti,
mi salud, mi vida, mi sentido.
Me cobijo en tus manos como un polluelo,
bajo tus alas, porque mi alma es una contigo,
y en tus brazos me siento acogido.

Mi salud, mi sentido, mi alegría.
Despiértame a la vida.

Lectura de la Palabra
(Mt 9, 27-30)

En aquel tiempo, dos ciegos seguían a Jesús, gritando: "Ten compasión de nosotros, hijo de David". Al llegar a la casa, se le acercaron los ciegos, y Jesús les dijo: "¿Creéis que puedo hacerlo?". Contestaron: "Sí, Señor". Entonces les tocó los ojos, diciendo: "Que os suceda conforme a vuestra fe". Y se les abrieron los ojos.

Meditación

Inspira, y al espirar di mentalmente:
Despiértame a la Vida.

Gesto compasivo

Inclina la cabeza y coloca tus manos cruzadas
sobre el pecho.
A veces tu mirada no está atenta al dolor ni
a las necesidades de quienes están cerca de ti.
Eres digno de compasión porque tus ojos,
tus oídos y tu corazón
permanecen ajenos a su llamada.
Evoca a las personas que han perdido la ilusión
de vivir. Seguramente conocerás a alguna de ellas.
Desea intensamente que se abran sus ojos para
que su corazón se ilumine y recuperen su pasión
por la vida.

Oración final

Señor,
deseamos que despierten nuestros sentidos
para permanecer atentos a lo que nos rodea.

Que nuestras manos acaricien con delicadeza
para expresar ternura y generosidad.

Que nuestros ojos oteen más allá del horizonte
para descubrir y responder a las necesidades
de los que sufren.

Que nuestros oídos perciban más allá
de lo que oyen
para acoger con delicadeza
y compasión a los hermanos.

Que nuestras palabras se vistan
de sinceridad y afecto
para ser instrumento de alabanza
y bendición.

Que nuestro corazón se funda
en tu presencia amorosa
para ofrecer comprensión
y cariño a todos los seres vivos.

Gracias, Señor,
por despertarnos a la verdadera Vida.

4

Eres plenitud

La alegría interior es una de las experiencias más sublimes del ser humano. Es fruto de la paz, de la confianza y de la esperanza en la vida, en uno mismo y en los demás. Los miedos, los complejos y la tristeza se desvanecen con la alegría.

Invocación

Señor, tu presencia nos llena de paz.
Eres la alegría de nuestras vidas.

Silencio y Consciencia

Cierra los ojos. Relaja todo tu cuerpo. Siente cómo
vas sumiéndote en un estado de calma y de quietud.
Respira con calma...
Atiende a los sonidos que proceden del exterior
de la sala... no los analices, simplemente, escúchalos.
Presta atención a los sonidos que se producen
en el interior de la sala... no los analices, simplemente,
escúchalos.
Date cuenta de los pensamientos que van llegando a
tu mente... no los analices... simplemente, obsérvalos.
Toma conciencia de tus emociones... simplemente,
obsérvalas.
Eres una persona perfecta... tal como estás hoy
aquí... la plenitud está en ti. Dios te hace plenitud.

Oración

Danos tu luz, tu paz y tu alegría:
eres la plenitud de nuestras vidas.

Señor, tu presencia inunda nuestra existencia;
sumergirse en tus aguas enriquece la vida.
No queremos naufragar en las tinieblas.
Si perdemos la luz, reinará la ceguera,
brotará el sinsentido.

Eres la plenitud de la existencia,
la fuente que sacia nuestras esperanzas.
Como agua fresca brota a tu lado la alegría,
nos empapa como un océano la dicha.

En el silencio encontramos la paz,
tu paz que nos susurra, nos orienta y nos guía.
Contigo se desvanecen el miedo,
el temor y la tristeza.
En tus brazos anidan la confianza y la alegría.

Eres plenitud.
A tu lado vibramos amando la vida.
Nada es comparable a encontrarse contigo
porque en ti todo se cumple,
se completa y se entiende.
En ti todo adquiere sentido.

Danos tu luz, tu paz y tu alegría:
eres la plenitud de nuestras vidas.

Lectura de la Palabra

(Jn 1, 10-16)

En el mundo estaba la Palabra y, aunque el mundo fue hecho por medio de ella, el mundo no la reconoció. Vino a los suyos y los suyos no la recibieron; pero a cuantos la recibieron y creyeron en ella, les concedió el llegar a ser hijos de Dios. Estos son los que nacen no por generación natural, por impulso pasional o porque el ser humano lo desee, sino que tienen por Padre a Dios. Y la Palabra se encarnó y habitó entre nosotros; y vimos su gloria, la que le corresponde como Hijo único del Padre, lleno de gracia y de verdad. En efecto, de su plenitud todos hemos recibido bendición tras bendición.

Meditación

Inspira, y al espirar di mentalmente:
Plenitud.

Gesto compasivo

Inclina la cabeza y coloca tus manos cruzadas
sobre el pecho.
Si a veces te sientes invadido por el desánimo
o la depresión se asoma a tu vida, eres digno
de compasión...
Imagínate alegre, esperanzado, feliz.
Evoca a las personas deprimidas, a las que
experimentan tristeza vital... Posiblemente
conozcas a alguna de ellas... Desea que la alegría
retorne a su vida...
Imagínala recuperada, alegre, ilusionada.

Oración final

Tú eres nuestra vida.
Junto a ti nos sentimos fuertes
para afrontar nuestros miedos y complejos.

Eres la bondad que aflora en nuestro interior
cuando sintonizamos
con el silencio, la paz y el bien.

Al sumergirnos
en la silenciosa profundidad del alma,
sentimos que abrazas nuestra finitud
y comprendes nuestros límites.

Eres la alegría que ilumina nuestra existencia;
nos sostienes en los momentos difíciles;
colmas nuestras esperanzas,
con ansias de infinito
y llenas nuestras vidas
de pasión y de sentido.

Deseamos ser personas luminosas,
portadoras de paz, de amor y compasión
para todos aquellos
que comparten nuestro camino.

Queremos vivir siempre a tu lado
porque Tú eres la plenitud.

5
Amor creativo

El Universo habla de la bondad y el esplendor creativo de Dios que se manifiesta en todas las criaturas. En esta bondad creativa encontramos la razón, la responsabilidad y el amor incondicional para cuidar apasionadamente de toda forma de vida.

Invocación

Señor: ¡Tú eres el amor!
El sentido y el equilibrio de nuestras vidas.

Silencio y Consciencia

Cierra los ojos y adopta una postura relajada y atenta.
Inspira y enfoca tu atención en tus pies... envíales mentalmente un mensaje de gratitud por su constante servicio.
Dirige tu atención a tus manos... envíales un mensaje de gratitud por su ayuda diaria.
Lleva tu atención al abdomen... muestra tu gratitud por los beneficios del sistema digestivo.
Dirige tu atención al tórax... siente gratitud por los beneficios de los sistemas respiratorio y circulatorio.
Dirige tu atención a la cabeza... agradece el trabajo de tu cerebro, que regula todo tu organismo.
Permanece en este estado de calma y siente la fortuna de disponer de un cuerpo que refleja quién eres.
Agradece la armonía de todo tu ser.

Oración
(Inspirada en el Salmo 8)

Tu amor creativo no tiene límites:
todo lo bueno procede de ti.

Desde la más tierna infancia hasta el fin
de nuestros días, vivimos asombrados
por tu amor incondicional.

Nos sentimos pequeños y limitados ante
el fascinante misterio de la vida
y nos llena de alegría saber que nos amas
con inmensa ternura.

Contemplamos el inabarcable firmamento
y nos deslumbra la inmensidad del espacio;
vibran nuestros sentidos ante las fuerzas
de la Naturaleza y nos sentimos seguros
en tus brazos.

Nos has dotado de dignidad y libertad
y has puesto en nuestras manos el destino
de la Tierra.
Voluntad, capacidad de decisión, libre albedrío...
son dones que guiarán nuestros pasos por
caminos de sabiduría.

Cuidamos a los animales con los que compartimos el
planeta: mamíferos, aves, peces
y cuantos pueblan bosques y praderas.
¡Y qué decir del mundo microscópico!
Señor, ¡qué admirable es la creatividad de tu amor!

Tu amor creativo no tiene límites:
todo lo bueno procede de ti.

Lectura de la Palabra

(Mt 6, 28-30)

En aquellos días dijo Jesús: "¿Por qué preocuparos por el vestido? Observad los lirios del campo, cómo crecen; no se fatigan, ni hilan. Pero yo os digo que ni Salomón, en toda su gloria, se vistió como uno de ellos. Pues si a la hierba del campo, que hoy es y mañana se echa al horno, Dios así la viste, ¿no lo hará mucho más con vosotros, hombres de poca fe?".

Meditación

Inspira, y al espirar di mentalmente:
Gracias, Señor.

Gesto compasivo

Inclina la cabeza y coloca tus manos cruzadas
sobre el pecho.

Evoca imágenes de deterioro del planeta:
señales de contaminación... mar con manchas
de petróleo... río con peces muertos...
bosque con tala indiscriminada de árboles...
ciudad envuelta en gases nocivos...
Siente compasión por el Planeta,
por las consecuencias del daño que le infligimos
los seres humanos.

Siéntete uno con los seres humanos para promover
actitudes de protección y cuidado de la Naturaleza.
Desea intensamente que la Tierra se recupere.
Evoca un rincón natural limpio, hermoso
y lleno de vida.

Oración final

Padre bueno,
el universo entero nos habla de ti.

Nos impresiona
la sobrecogedora belleza de la creación,
desde la inmensidad del cosmos
hasta las invisibles e indivisibles partículas elementales
que configuran la materia.

En el silencioso murmullo de tu presencia
irrumpes como un vendaval creador
y con tu amor configuras nuestras vidas.

Cada uno de nuestros sentidos
son la ventana que nos conecta
con tu fuerza creadora.
Nuestra mente empequeñece
ante la grandeza de tu sabiduría.

Es maravilloso el despliegue de tu amor.
Todo es lo que tiene que ser
porque en ti está el orden y el equilibrio.

Gracias por el regalo de la vida.
Gracias por tu expansión creativa.
Gracias por tu amor incondicional
que llena de vida y armonía
la existencia de todas las criaturas.

6

Todo cobra sentido

Cuando descubrimos que la vida es un gran regalo cambia nuestro modo de ver e interpretar los acontecimientos. Todo, hasta el más mínimo detalle, adquiere sentido y experimentamos una gran alegría interior que se convierte en la motivación y el sentido de nuestra existencia.

Invocación

Nos emociona el misterio de tu presencia.
A tu lado, Señor, la vida es un regalo.

Silencio y Consciencia

Cierra los ojos y relaja el rostro, los hombros,
las manos... Siente la calma que te envuelve.
Conecta con la vitalidad que fluye en tu cuerpo.
Observa tu *respiración*...
percibe cómo activa tu organismo...
Siente el *latir de la vida* en tus manos al percibir
tus pulsaciones...
Date cuenta de tus *pensamientos*...
simplemente obsérvalos sin juzgar...
Repara en tus *emociones*... date cuenta de cómo te
sientes; obsérvalas como un espectador, sin juzgarlas.
Tu cuerpo, tu mente y tu espíritu forman la unidad
que eres. En esa unidad todo tu ser cobra sentido.
Dios es Unidad; Él es el sentido de todo.

Oración

Nos alumbra tu luz
y nos llenas de paz,
a tu paso la vida es amor.

Siempre escuchas nuestra voz,
pones calma en el pesar,
tu presencia disipa el temor.

Con las manos abiertas al sol,
nuestra tierra será un bello hogar,
donde todos podremos sentir
que a tu lado la vida es un don.

Con tu aliento, Señor,
pierde fuerzas el mal,
nuestros días adquieren valor.

Cultivad la compasión,
contagiad fraternidad.
Construyamos un mundo mejor.

Con las manos abiertas al sol,
nuestra tierra será un bello hogar,
donde todos podremos sentir
que a tu lado la vida es un don.

Donde todos podremos cantar
que a tu lado la vida es un don.

Lectura de la Palabra

(Flp 4, 4-7)

Estad siempre alegres en el Señor; os lo repito, estad alegres. Que todo el mundo os conozca por vuestra bondad. El Señor está cerca. Que nada os angustie; al contrario, en cualquier ocasión presentad vuestros deseos a Dios orando, suplicando y dando gracias. Y la paz de Dios, que supera cualquier razonamiento, guardará vuestros corazones y vuestros pensamientos por medio de Cristo Jesús.

Meditación

Inspira, y al espirar di mentalmente:
Aquí estoy ...

Gesto compasivo

Inclina la cabeza y coloca tus manos cruzadas
sobre el pecho.
Evoca a personas que enfrentan una pobreza extrema...
Es posible que te lleguen imágenes desgarradoras
de niños desnutridos, madres desalentadas,
cuerpos afectados por la miseria.
Su lucha incesante por conseguir una vida digna
puede sumirlos en la desesperación...
Su situación podría ser la tuya.
Desea que muchas manos se unan para
comprometerse a erradicar el hambre en el mundo.
Trae a la mente el recuerdo de alguna persona
cercana a ti que en estos momentos
necesita ayuda.

Oración final

Padre nuestro,
tu presencia entre nosotros
es el mejor regalo de la vida.
Saberte a nuestro lado
ilumina nuestra jornada.
Contigo todo tiene sentido.

Gracias, porque acunas
la intimidad de cada ser humano;
porque dilatas nuestra afectividad
para compartirla con las personas
que nos acompañan.

Ayúdanos a vivir conscientes
y a celebrar con alegría
todo lo bueno que nos rodea.

No queremos vivir
ajenos al dolor y a las dificultades
de tantas personas
con las que compartimos
esta casa común.

Que, con la sensibilidad a flor de piel,
escuchemos el clamor de los marginados
y demos respuesta a sus sufrimientos.

Que nuestra mente y nuestro ánimo
dispongan de la energía suficiente
para encontrar soluciones
eficaces a tanta tristeza.

Señor, son nuestros hermanos
y Tú eres nuestro Padre.

7
Aliento de vida

Vivimos sumergidos en el tiempo. Formamos parte de la infinita finitud del espacio. Viajamos inmersos en la inmensidad que acoge, alimenta, guía y sostiene. Nos acompaña el Gran Amor que se hace cercanía y ternura con cada uno de nosotros.

Invocación

Aquí estamos, Señor;
nos acoge la inmensidad de tu presencia.
Tú eres el océano de nuestras vidas.

Silencio y Consciencia

Cierra los ojos. Relaja el rostro... los hombros... todo tu cuerpo. Respira con calma y observa la agradable sensación de paz que se va apoderando de ti...
Sitúa las manos a la altura del abdomen, con las yemas de los dedos unidas entre sí: pulgar con pulgar, índice con índice, etc. *Mudra Hakini.*
Mantén los brazos relajados pegados al tronco.
Al inspirar, realiza una breve presión entre los dedos; al espirar, relaja esa tensión.
Dirige toda tu atención a este sencillo movimiento que se acompasa con la respiración.
Siente que formas parte de algo muy grande y hermoso. Dios está contigo, en el centro de ti mismo.
Realiza este mudra durante unos minutos.

Salmo 138, 1-12

Mire a donde mire, allí estás Tú;
y a tu lado, Señor, siempre amanece.

Señor, Tú me sondeas y me conoces;
me conoces cuando me siento o me levanto,
de lejos penetras mis pensamientos;
distingues mi camino y mi descanso,
todas mis sendas te son familiares.

No ha llegado la palabra a mi lengua,
y ya, Señor, te la sabes toda.
Me estrechas detrás y delante,
me cubres con tu palma.
Tanto saber me sobrepasa,
es sublime y no lo abarco.

¿Adónde iré lejos de tu aliento,
adónde escaparé de tu mirada?
Si escalo el cielo, allí estás Tú;
si me acuesto en el abismo, allí te encuentro.

Si vuelo hasta el margen de la aurora,
si emigro hasta el confín del mar,
allí me alcanzará tu izquierda,
me agarrará tu derecha.

Si digo: "Que al menos la tiniebla me encubra
que la luz se haga noche en torno a mí".
Ni la tiniebla es oscura para ti,
la noche es clara como el día.

Lectura de la Palabra

(Mt 11, 25-27)

En aquellos días Jesús oró diciendo: "Te doy gracias, Padre, Señor de cielo y tierra, porque has escondido estas cosas a los sabios y entendidos, y se las has revelado a la gente sencilla. Sí, Padre, así te ha parecido mejor. Todo me lo ha entregado mi Padre, y nadie conoce al Hijo más que el Padre, y nadie conoce al Padre sino el Hijo y aquel a quien éste se lo quiera revelar".

Meditación

Permanece inmóvil y en silencio mientras inspiras y espiras con calma...

Cuando aparezca un pensamiento, déjalo pasar. Centra tu atención en la respiración sintiendo el aire en las fosas nasales.

Siente que estás en la Presencia de Dios.

Gesto compasivo

Inclina la cabeza y coloca tus manos cruzadas
sobre el pecho.
Evoca a las personas que están implicadas
en el progreso científico y técnico. Hazles
una llamada, una invitación interior para que,
con humildad y compasión, se comprometan
a poner sus conocimientos e investigaciones
al servicio de la humanidad.
Recuerda a una persona cercana que en estos
momentos necesita ayuda.

Oración final

Señor de la vida,
somos gotas en el océano,
centellas en la inmensidad del universo,
granos de polen en tu bosque frondoso.
Acógenos con ternura.

Admiramos la sabiduría que emerge de ti.
Nuestra mente no llega a comprender
la inmensidad que despliegas.
Cuando creemos encontrarte,
más inabarcable te sentimos.
Cuando creemos conocerte,
más desconocido nos pareces.

Floreces en la intimidad del ser humano
y acompañas nuestra soledad.
Diluyes nuestra penas y tristezas;
y nada se resiste a tu profunda paz.

En el discreto silencio te encontramos
y en su vacío nos sentimos
llenos y conectados a tu unidad.
Compartes la finitud de nuestras vidas
y eres la alegría de nuestra existencia.

¡Gracias, ahora y aquí, por tu presencia!

8

Transito por tu paz

Hemos sido creados en unidad con todo lo que nos rodea. Sin embargo, vivimos separados y, con frecuencia, centrados en el "ego" que enturbia nuestra esencia. Cuando permanecemos atentos, caminamos por sendas de paz y de armonía.

Invocación

En tu presencia somos Uno contigo.
Señor, somos Uno contigo y con todo lo que nos rodea.

Silencio y Consciencia

Cierra los ojos y relaja la frente, el rostro,
los hombros... Siente la calma que te envuelve.
Vas a realizar la técnica yóguica
de la "Respiración Cuadrada", que te ayudará
a incrementar el equilibrio interno, alcanzar paz
mental y a situarte en un alto grado de consciencia.
Respira en cuatro tiempos. (Cada fase de la
respiración durará 4 segundos):
Inhala en 4 tiempos, retén el aire durante 4 tiempos,
exhala en 4 tiempos, mantén los pulmones vacíos
durante 4 tiempos.
Repite este proceso durante unos minutos.
Para mantener un ritmo uniforme basta ir realizando
rítmicamente con un dedo una breve presión sobre
tu pierna.

Oración
(Inspirada en el Salmo 138 13-24)

Tú que conoces mi corazón,
llámame por mi nombre y guía mis pasos.

Señor, Tú has creado mis entrañas,
me has tejido en el seno materno.
Te doy gracias
porque me has llamado por mi nombre,
porque puedo experimentar tu presencia.
Tú conoces el fondo de mi ser,
el recinto callado de mi intimidad.

Cuando me iba formando y entretejiendo
en lo profundo de la tierra,
tus ojos veían mis acciones,
se escribían todas en tu libro.

Siempre has calculado mis días
antes de que llegase el primero.

¡Qué maravillosos son tus designios,
qué impresionantes son tus obras!

Si me pongo a contarlas,
son más numerosas que los granos de arena;
y cuando acabo de enumerarlas,
aún me quedas Tú.

Señor, sondea mi corazón,
camina a mi lado y conoce mis sentimientos,
oriéntame si pierdo el horizonte
y, sobre todo, guíame por el buen camino.

Tú que conoces mi corazón,
llámame por mi nombre y guía mis pasos.

Lectura de la Palabra

(Jn 14, 6-7)

En aquellos días Jesús dijo: "Yo soy el Camino, la Verdad y la Vida. Nadie va al Padre sino por mí. Si me conocéis a mí, conoceréis también a mi Padre; desde ahora ya lo conocéis y ya lo habéis visto".

Meditación

Inspira, y al espirar di mentalmente:
Guíame por el camino recto.

Gesto compasivo

Inclina la cabeza y coloca tus manos cruzadas
sobre el pecho.
En ocasiones, es posible que te encuentres inmerso
en un estado de confusión, donde las direcciones
parecen difusas y la claridad se desvanece
en el horizonte de tus decisiones.

Puede que te sientas desnortado, como si hubieras
perdido el rumbo en el camino de tu vida
y la presencia de Dios no ocupe el lugar central
que anhelas en tu existencia.
Eres un ser humano digno de compasión.

Evoca a las personas que viven desorientadas,
que no encuentran sentido a su vida,
que han perdido la confianza en Dios.
Trae a la mente una que tú conoces y necesita
especial ayuda.

Oración final

Señor de la Luz,
vivimos día a día en tu presencia.

Resides en lo más hondo
de nuestra intimidad.
Por ti nos afanamos cada jornada
y nuestra vida solo halla descanso en ti.

Habitas en el corazón
de cada ser humano.
Contigo a nuestro lado
nos sentimos protegidos,
llenos de entusiasmo y de esperanza.

A veces nuestra llama vacilante
se empequeñece
y amenaza con extinguirse.
No permitas que se ahogue
el aliento del amor
que depositas en nuestras vidas.

Deseamos despertar a tu luz,
entendernos, respetarnos,
vivir en armonía haciendo el bien.

Guíanos por senderos
de bondad y compasión.
Condúcenos por caminos rectos.

9 Consciencia

La injusticia, la violencia y la avaricia han ocasionado mucho sufrimiento a lo largo de la Historia. Los seres humanos somos responsables de la mayor parte de nuestros propios males. Solo cuando las personas alcanzamos un adecuado nivel de consciencia y experimentamos la unidad con la Vida, surge el Amor, esa profunda experiencia espiritual que genera compasión, generosidad y paz.

Invocación

En ti depositamos nuestra confianza.
Gracias, Señor; eres manantial de bondad.

Silencio y Consciencia

Sentado, con los pies paralelos apoyados en el suelo; mantén la columna vertebral recta, en actitud de atención. Coloca las manos sobre los muslos y relaja el rostro... los hombros... los brazos... las piernas... Cierra los ojos.

Dirige tu atención a la respiración; que sea serena y consciente.

Visualiza una pequeña luz que brota en el interior de tu pecho. En cada inspiración, la luz crece... más... más... Eres un ser luminoso del que brota paz y amor. Dios es el manantial de tu luz.

Oración
(Inspirada en Salmo 91)

Vivir a tu lado es despertar.

Señor, ¡qué bueno es darte gracias
y cantar alegres,
porque Tú eres fuente de bondad!

¡Qué alegría salir cada mañana en tu compañía
y recogernos cada noche en tus brazos!

A tu lado estamos seguros
y sabemos que de ti procede lo mejor
de la vida.

Por eso, entonamos esta canción de alegría:
¡Qué suerte es vivir conscientes de tu presencia!

Aunque el mal se extienda como las zarzas
y la violencia prospere como el espino,
las personas justas y luminosas
son como un manantial, su bondad se multiplica
y con ellas se renueva la esperanza.

Cuando somos conscientes de tu presencia
todo cambia porque nos impulsas hacia el bien;
tu bondad y tu compasión no tienen límites.

Padre bondadoso,
tu ternura estabiliza nuestras vidas.

Vivir a tu lado es despertar.

Lectura de la Palabra
(Lc 6, 43- 45)

En aquellos días dijo Jesús: "No hay árbol bueno que dé fruto malo ni árbol malo que dé fruto bueno. Cada árbol se conoce por sus frutos. Porque de los espinos no se recogen higos ni de las zarzas se vendimian racimos. El hombre bueno saca el bien del buen tesoro de su corazón, y el malo de su mal corazón saca lo malo. Porque de la abundancia del corazón habla la boca".

Meditación

Inspira, y al espirar di mentalmente:
Contigo brota el bien.

Gesto compasivo

Inclina la cabeza y coloca tus manos cruzadas sobre el pecho.
Evoca a una persona concreta que ha atravesado una desgracia familiar... Toma conciencia de la magnitud del dolor y la carga emocional que lleva consigo... Abre tu corazón y vierte sobre ella todo el calor de tu alma compasiva mostrándole tu solidaridad y apoyo en este difícil momento de su vida.

Recuerda que Dios, que es compasivo y misericordioso, está presente incluso en los momentos más dolorosos. Tu presencia y tus palabras, llenas de comprensión, pueden ser bálsamo reconfortante en estos momentos. El poder sanador de tu compañía y tu consuelo pueden ser un faro de luz y de esperanza.

Oración final

Tú, Señor,
eres bondad,
belleza y equilibrio.

En el silencio nos hablas,
en la calma nos abrazas,
en el dolor nos acompañas.

Te expresas en el corazón generoso
del que vive con sosiego
aceptando lo que llega.

Somos conscientes
de que brillas en los ojos limpios
del que ve más allá
de los sucesos cotidianos.

Somos conscientes
de que estás en el corazón
generoso del que,
como Jesús de Nazaret,
busca consuelo,
paz y bien para todo ser humano.

Danos una mirada compasiva
para ser sensibles
a las necesidades
de nuestros hermanos.

Gracias por todo,
Padre bueno.

10

Sediento de ti

Descansar en el gran Amor que nos acoge, nos nutre y nos sostiene es una de las experiencias más maravillosas del ser humano. En ese Amor brota la seguridad y se desvanecen los miedos. En ese Amor nace la aceptación incondicional y cesan los juicios. En ese Amor surge la generosidad y germina la compasión: todo un antídoto contra el mal.

Invocación

Señor, Tú eres el amor que nos sostiene.
En tus brazos nos sentimos amados y seguros.

Silencio y Consciencia

Colócate en una postura recta, propia de la atención...
Cierra los ojos y relaja todo tu cuerpo. Permite que
tu respiración sea cada vez más lenta y tranquila...
Evoca mentalmente tres personas a las que quieres
profundamente... Dirígete a cada una de ellas,
en estos términos:
"Eres importante para mí y te quiero mucho"...
Date cuenta de que tú también eres importante
para ellas y que el amor fluye en ambas direcciones.
Escucha en tu interior cómo cada una de ellas
te devuelve ese amor:
"Eres importante para mí y te quiero mucho".
Permanece en este estado de calma.

Oración
(Inspirada en el Salmo 83)

En tu presencia, todo cobra sentido.

Nos encanta darte gracias, Señor,
y hablar de la bondad de tu presencia.

Estar contigo es nuestra máxima aspiración
y ansiamos vivir siempre a tu lado.

Como un gorrión que se cobija en su nido,
como un polluelo bajo las alas de la golondrina,
así experimentamos nosotros tu presencia,
el cuidado y la protección que nos dispensas.

Cuando peregrinamos
por los áridos valles de la vida,
en ti encontramos el más fértil de los oasis.

Si caminamos sedientos y desesperados
como tierra que agoniza,
nos empapas con tu lluvia refrescante
y nos inundas de bendiciones.

Es más valioso permanecer en tu presencia
que empeñarse en vivir en la ignorancia
y en la maldad.

Porque Tú eres
el sol que ilumina nuestras vidas,
la fortaleza que nos proporciona
seguridad y valentía.

En tu presencia, todo cobra sentido.

Lectura de la Palabra

(Lm 3, 20-24)

Esto recordaré en mi corazón y en ello pondré toda mi esperanza: que el amor de Yahveh no se acaba, ni se agota su ternura. Cada mañana se renuevan porque ¡grande es su lealtad! Lo mejor que me puede pasar es contar con Yahveh por eso pongo en Él toda mi confianza.

Meditación

Inspira, y al espirar di mentalmente:
Tu amor llena mi vida.

Gesto compasivo

Inclina la cabeza y coloca tus manos cruzadas
sobre el pecho.
Toma conciencia de que en tu vida necesitas
sentirte querido. Con la constatación de esta
experiencia y con tu fe en el amor de Dios que
te desborda, reitera tu compromiso de proyectar
tu capacidad de amar a todo ser humano.
Piensa en aquellas personas que experimentan
carencias afectivas, que se sienten solas o que
no saben cómo expresar amor.
Todas ellas merecen ser amadas
y tratadas con compasión.
Toma un momento para recordar a alguien
cercano que podría necesitar
sentirse querido y valorado.

Oración final

Padre bueno,
necesitamos saciar esa sed
que solo tu amor puede colmar;
esa sed que nos impulsa a buscarte
y a encontrarte
en cada paso de nuestra vida.

En tu presencia nos sentimos protegidos,
envueltos por tu amor,
resguardados a la sombra de tus alas.
En tu compañía nuestros días
florecen y dan fruto.

Eres surtidor inagotable de dicha;
hoguera que alienta nuestras esperanzas.

Gracias por contagiarnos tu alegría.
Gracias por inundarnos
de amor y de vida.

Gracias porque podemos ser
un manantial de cariño,
compasión y esperanza
para nuestros semejantes.

11

¡Gracias!

Considerar la vida como el gran regalo que hemos recibido nos predispone a vivirla con alegría. Desde esta perspectiva, todo encaja en lo que tiene que ser. Por eso, una mirada amplia y atenta nos impulsa al agradecimiento, porque reconocemos que todo es gratuito y todo está bien. ¡Gracias!

Invocación

Señor, en tu presencia nos sentimos afortunados.
Muchas gracias por el don de la vida.

Silencio y Consciencia

Adopta una posición cómoda y atenta.
Dirige tu atención a la respiración...
Evoca un momento en el que sentiste una especial sensación de gozo. Puede ser cerca del mar, en la montaña, en un bosque... o disfrutando de la compañía de un ser querido... Rememora ese momento y di mentalmente: *"Gracias por ese tiempo de alegría"; "Gracias por esta persona"...*
Recuerda algún espacio o lugar en el que te encuentras a gusto y expresa gratitud por ello.
Di mentalmente: *Gracias.* Trae a la mente a alguna persona a la que desearías expresarle tu gratitud.
Dile interiormente: "¡Gracias!".

Oración
(Inspirada en el Salmo 110)

Gracias, Señor, por tu discreta y amorosa presencia.

Hasta tal punto nos conmueve tanta maravilla
que vibramos emocionados
y te damos gracias de corazón,
con toda nuestra energía,
con todo nuestro cuerpo y nuestra mente,
con todo nuestro espíritu.

Gracias, porque no salimos de nuestro asombro
ante la belleza, el orden y la inteligencia
que despliegas y compartes con nosotros.
Tu bondad envuelve la tierra.

Gracias porque estás atento
a las penurias y necesidades que nos acechan;
porque eres leal, compasivo, tierno
y propenso a olvidar nuestros errores.

Gracias por sustentar con equilibrio la Tierra
y amar a cada una de las criaturas;
Gracias por favorecer una evolución
y un progreso armónico
que nos ayuda a caminar hacia el equilibrio.

Gracias porque nos animas a practicar
la prudencia y la justicia.
Gracias por tu amor incondicional,
porque tu paternidad y maternidad nos dignifica
y porque permaneces siempre a nuestro lado.

Gracias, Señor, por tu discreta y amorosa presencia.

Lectura de la Palabra

(1Cr 29, 11-13)

Tuyos son, Señor, la grandeza y la sabiduría, la gloria, la victoria y la majestad. Tuyo es todo cuanto hay en el cielo y en la tierra. Tuyo también es el reino, y Tú estás por encima de todo. De ti proceden la riqueza y el honor; Tú lo gobiernas todo. En tus manos están la fuerza y el poder, y eres Tú quien engrandece y fortalece a todos. Por eso, Dios nuestro, te damos gracias y a tu glorioso nombre dedicamos alabanzas.

Meditación

Inspira, y al espirar di mentalmente:

Gracias, Señor.

Gesto compasivo

Inclina la cabeza y coloca tus manos cruzadas sobre el pecho.
Evoca una experiencia de pérdida que te produjo un gran sufrimiento.
Seguramente experimentaste cómo algunas personas cercanas te expresaban su compasión.
Las personas que permanecen ancladas en su dolor son incapaces de vivir con esperanza y gratitud. Siente empatía y compasión hacia ellas. Transmíteles fuerza y ánimo para que se liberen de esa situación paralizante y recuperen la esperanza, la alegría y la gratitud por la vida, por la familia, por los seres humanos...
Tal vez tengas el recuerdo de alguna persona concreta que en estos momentos necesita especial ayuda. Haz lo que puedas para aliviar su sufrimiento.

Oración final

Padre Dios creador:

¡Qué magnífico es el universo de noche,
qué vitalidad derrocha el sol cada mañana!

¡Cuánto orden y perfección en los elementos
minúsculos de la Naturaleza!

¡Cuánta hermosura se prodiga el mundo vegetal:
árboles, plantas y flores!

¡Qué complejo es el planeta Tierra
y cuanto lo habita!

¡Cuánta diversidad y vitalidad encontramos
en el reino animal!

¡Qué asombroso y maravilloso es el ser humano!

¡Qué delicia poder disfrutar de nuestra corporalidad
y sumergirnos en la vida interior!

*Gracias, Dios Madre y Padre creador,
porque estás en el corazón del Universo.*

12

Solo Tú

Todo nos parece minúsculo cuando descubrimos que Dios es presencia, que lo llena todo de sentido y que solo Él colma nuestras expectativas. Esta revelación hace brotar en nosotros un manantial de alegría que, como a Teresa de Jesús, nos hace exclamar: "*¡Solo Dios basta*"!

Invocación

Tú eres nuestro todo, que nos hace exclamar
"¡Solo Dios basta!".

En ti encontramos la paz y la fuerza
para hacer el bien.

Silencio y Consciencia

Cierra los ojos y adopta una postura relajada y atenta.
Siente el aire fresquito al inspirar... Procura que
la espiración vaya haciéndose cada vez más lenta...
Toma conciencia de que estás ante la presencia
de Dios.
Repite en tu interior: "*Solo Tú, Señor*"...
Hazlo siguiendo el ritmo de la respiración.
Siente el significado profundo de esta frase.
Si te distraes con pensamientos, vuelve a repetir:
"*Solo Tú, Señor*".
Permanece un tiempo es este estado.

Oración

Si estás conmigo, lo tengo todo;
si estoy contigo, nada me falta.

No esperamos nada más
sino saber que estás tan cerca,
que amaneces con la luz de cada día,
que en el crepúsculo anocheces, nos sonríes,
y en nuestro propio interior te haces presente.

No deseamos nada más
sino sentir que alientas nuestros días,
que tu mano acaricia nuestros sueños,
que serenas debilidades y flaquezas
y que en la realidad te haces presente.

No buscamos nada más
sino contar con tu amorosa compañía;
porque tu aliento vivifica nuestros yermos,
alivia nuestras penas y fatigas
y en el silencio te haces presente.

No necesitamos nada más
sino que enciendas de pasión nuestro coraje;
que tu espíritu nos haga compasivos,
que la utopía de la fraternidad se cumpla
porque Tú, que eres el amor, te haces presente.

Si estás conmigo, lo tengo todo;
si estoy contigo, nada me falta.

Lectura de la Palabra

(Rm 12, 1-2)

Os ánimo, hermanos, por la bondad compasiva de Dios, que presentéis todo vuestro ser como un regalo de vida, bueno y agradable a Dios. Esto es lo más grande y lo que gusta al Señor. No os acomodéis a los vaivenes del mundo presente, sino transformaos y renovaos para que sepáis discernir lo que es la voluntad de Dios, lo bueno, lo agradable, lo perfecto.

Meditación

Permanece inmóvil y en silencio. Inspira y espira con calma.

Cuando aparezca un pensamiento, déjalo pasar. Dirige la atención a tu respiración; siente la entrada y la salida del aire en las fosas nasales.

Permanece en silencio con esta sensación.

Solo Dios basta.

Gesto compasivo

Inclina la cabeza y coloca tus manos cruzadas sobre el pecho.

Si vives con actitud de búsqueda, seguro que anhelas calma y paz interior para intuir y comprender desde tu silencio que "solo Dios, basta".

Evoca a alguna persona de tu entorno que necesita poner orden, sosiego y paz en su vida. Deséale que se sienta libre de preocupaciones inútiles y que logre dar sentido a su existencia.

Oración final

Señor de la alegría,
eres nuestro todo.

Solo Tú
das sentido a cuanto existe.

Solo Tú
proyectas la vida
y armonizas el desorden.

Solo Tú
reviertes las tristezas
y nos rescatas del egocentrismo.

Solo Tú
llenas el vacío,
alegras la vida cotidiana
y nos reconfortas en las dificultades.

Solo Tú
nos impulsas hacia el bien gratuito
y nos capacitas para amar con sinceridad.

Por eso, Señor,
decimos una y otra vez
con alegría:

¡Solo Dios basta!

13

Con mirada limpia

Los niños son los grandes maestros en el arte de la observación. Para ellos, cualquier elemento, por banal que parezca, merece ser admirado. Cuando contemplamos la vida con ojos nuevos, como si fuera la primera vez, nos acercamos al Misterio que nos envuelve y del que formamos parte.

Invocación

Señor, Tú nos abres a la vida con ojos nuevos.
En tu bondad descansa nuestra alegría.

Silencio y Consciencia

Cierra los ojos y adopta una postura cómoda y atenta.
Relaja todo tu cuerpo. Respira lentamente.
Evoca un objeto que utilices habitualmente
(un lápiz, una taza, un anillo... Elige el que desees).
Visualízalo mentalmente. Observa su forma,
su tamaño, su color... Recuerda su textura al tocarlo...
su temperatura... los materiales que lo integran.
Contémplalo con la misma curiosidad y asombro
que tendrías al verlo por primera vez.
Tú también eres una criatura única, maravillosa
y amada por Dios.
Sumérgete en esta experiencia durante unos minutos,
disfrutando de la conexión con tu niño interior
y con la belleza de tu ser.

Oración

(Inspirada en el Salmo 90)

Protégenos del mal
y cólmanos de vida.

Tú que habitas en la presencia de Dios,
y en Él descansas como un niño en el regazo
de su madre, dile con el corazón:
"en tus brazos me refugio
porque me llenas de ternura y confianza".

El Señor te acompañará siempre,
especialmente en tiempos de dolor.
Él te cubrirá de cariño y tú te refugiarás bajo sus alas,
como un ave indefensa, como un cachorro desvalido.

No temas a las sombras,
que no te acobarden los contratiempos de la vida.
Si estás triste, no te dejes atrapar por la oscuridad
ni te abandones a la plaga de las culturas del vacío.
Basta con que abras tus ojos con mirada inocente
para que se desvanezcan tus preocupaciones.

Fíjate en lo que dice el Señor:
"Lo libraré porque confió en mí;
lo protegeré porque me ama.
Es carne de mi carne y espíritu de mi espíritu;
antes de que él me pida ayuda, yo ya estoy a su lado.

Compartiré con él la adversidad, lo defenderé,
lo bendeciré;lo saciaré de la Vida que no tiene fin".

Protégenos del mal
y cólmanos de vida.

Lectura de la Palabra

(Mt 18, 1-5)

En aquel tiempo los discípulos se acercaron a Jesús y le preguntaron: "¿Quién es el mayor en el Reino de los Cielos?". Él llamó a un niño, lo puso en medio de ellos, y dijo: "Os digo que si no os volvéis y os hacéis como niños no entraréis en el reino de los cielos. Así que, cualquiera que se haga pequeño como este niño, ese es el mayor en el Reino de los Cielos. El que acoge a un niño como este en mi nombre, me acoge a mí".

Meditación

En la Presencia de Dios practica este ejercicio de respiración consciente.

Inhala y exhala, contando mentalmente del uno al diez. Inhalando... uno; exhalando... dos; inhalando... tres; exhalando... cuatro; y así sucesivamente hasta llegar al diez. Después, reinicia la cuenta. Si te equivocas, simplemente vuelve a comenzar.

Gesto compasivo

Inclina la cabeza y cruza las manos sobre el pecho. Recuerda tu infancia. Vivías con ilusión y sentías admiración por todo. Si la desilusión, la rutina y el temor te impiden ver con ojos de niño, eres digno de compasión porque te estás perdiendo lo mejor de la vida. Evoca a algún niño que conoces. Desea que no se extinga la curiosidad y la frescura de su mirada; que encuentre adultos admirables que contribuyan a su desarrollo integral.

Oración

Padre bueno,
enséñanos a mirar con ojos nuevos
a explorar y descubrir
como lo hacen los niños.

Que se abran nuestros sentidos a los matices
cotidianos de la existencia.

Deseamos vivir conscientes,
registrar cada instante con sensibilidad
para poder acercarnos con amor,
sin juicios ni prejuicios
a todas las personas.

Y, sobre todo,
deseamos derrochar compasión
con los que sufren
aliviar su dolor y contribuir a su bienestar
y desarrollo.

Tú despiertas nuestro corazón
y lo predispones a la paz y al bien.

¡Muchas gracias!

14

Fluir contigo

Nuestros límites se constriñen en el tiempo y el espacio. Todo fluye, todo pasa; lo nuevo envejece, lo que hoy es, mañana ya no está, toda la realidad entraña finitud. Cuando permanecemos en la Gran Presencia de Dios, nos sumergimos en esa dimensión inalterable donde todo es.

Invocación

En tu presencia encontramos la esencia
de nuestras vidas.
Solo Tú nos permites ser al ritmo de nuestra
fugaz existencia.

Silencio y Consciencia

Adopta una postura cómoda pero atenta.
Relaja el rostro, los hombros... todo tu cuerpo.
Lleva la atención al aire que inhalas y exhalas.
Toma conciencia de este entorno. Acepta que estás aquí... en esta situación.. tal como estás.
Observa los pensamientos... deja que fluyan... sin emitir juicio... como si fueras un espectador ajeno a ti.
A continuación, repite interiormente al inspirar: "Esto pasa". Y al espirar: "Paz".
Continúa así durante unos minutos.

Oración
(Inspirada en el Salmo 130)

Tú eres nuestro remanso de compasión,
de paz y de sabiduría.

Señor,
no dejes que la ambición se apodere de mí,
ni que me afane en acumular bisutería.
No toleres que la codicia nuble mi cordura,
ni que pierda mi vida en apariencias.

Que mis ojos destierren la arrogancia
y no miren con aire de desprecio y orgullo.
Que no se insensibilicen mis sentidos
ni dejen de escuchar la voz de los que sufren.

Ayúdame a vivir con moderación y sobriedad,
como lo hace la gente buena y sencilla.
Quisiera atesorar la ternura de una madre
y regalar una mirada limpia y compasiva.

Quiero admirar el esplendor de cada día,
saborear los regalos que me da la vida,
aceptar las contrariedades del camino,
disfrutar del silencio reflexivo
y alcanzar paz, serenidad, sabiduría.

Tú eres nuestro remanso de compasión,
de paz y de sabiduría.

Lectura de la Palabra

(Ga 5, 13-16)

Hermanos, habéis sido llamados a la libertad. No toméis esa libertad como pretexto para el mal; antes al contrario, servíos con amor los unos a los otros. Pues toda la ley alcanza su plenitud en este solo precepto: Amarás a tu prójimo como a ti mismo.

Pero si os hacéis daño y os devoráis mutuamente, ¡solo habrá destrucción! Si vivís según el Espíritu no daréis satisfacción a las apetencias del mal.

Meditación

Permanece inmóvil y en silencio. Te encuentras ante la Gran Presencia que fluye en ti.

Respira con calma. Cuando aparezca un pensamiento, déjalo que se vaya, sin oponer resistencia... dirige tu atención al aire fresco que percibes al inspirar por la nariz.

Gesto compasivo

Inclina la cabeza y coloca tus manos cruzadas
sobre el pecho.
Piensa en las personas que sufren a causa de
la guerra. Toma conciencia de la precariedad de sus vidas... del miedo que las atenaza... de la pérdida de seres queridos... de sus penosas condiciones de vida.
Genera interiormente un profundo sentimiento de compasión hacia ellas y un intenso deseo de paz para que todos los seres humanos vivamos en concordia y armonía.

Oración final

Nada es permanente.
Solo Tú habitas la eternidad.

Todo fluye, todo es inconstante y voluble.
Solo Tú permaneces.

Nos sentimos pequeños en nuestra insignificancia.
Solo Tú nos confieres dignidad y grandeza.

Aspiramos a volar más allá de nosotros mismos.
Solo Tú nos proyectas hacia el infinito.

Anhelamos conocer todo lo que nos rodea.
Solo Tú eres la sabiduría.

Ansiamos saciar nuestra sed de plenitud.
Solo Tú eres la fuente que colma nuestras vidas.

Señor, en ti habitamos, nos movemos, fluimos.
Solo en ti somos.

15

Melodiosa armonía

La vida es un constante e inevitable devenir. A veces los acontecimientos se muestran favorables, soplan como viento a favor que impulsa nuestras velas; en otras ocasiones, las tempestades de la vida ensombrecen el horizonte y nos sumergen en la oscuridad de la inquietud o el desaliento. Sin embargo, si aprendemos a ubicarnos bajo la carta náutica de la Gran Presencia, todo cobrará luz y sentido; todo resultará luminoso y armónico. Todo será lo que es y lo que tiene que ser.

Invocación

En tu presencia todo es armonía.
Tú eres luz y equilibrio; en ti todo cobra sentido.

Silencio y Consciencia

Adopta una postura cómoda con la columna vertebral erguida. Cierra los ojos y relaja todo tu cuerpo. Atiende a una respiración lenta y sosegada.
Observa los pensamientos que aparecen y déjalos ir… simplemente respira.
Imagina un puzle con las piezas desordenadas. Observa cómo van encajándose hasta componer la imagen de una playa con el mar en calma. Siente cómo la calma se apodera de ti. Te encuentras en armonía, unificado como ese puzle… y Dios siempre está presente.

Oración

Junto a ti, mi Señor,
la armonía siempre brota junto a ti.

Amaneces con tu luz
en las sombras del dolor,
como bálsamo en la noche, mi Señor.

Alimentas nuestra fe
cuando cede la ilusión,
como brasa de esperanza, mi Señor.

Acrecientas la unidad
en los quiebros del amor
como fuente generosa, mi Señor.

Fortaleces la hermandad
en los días de aflicción,
nos impulsas hacia el bien, mi Señor.

Armonizas con tu paz
nuestra red de confusión,
resplandor en las tinieblas, mi Señor.

Ennobleces nuestro ser
con tu abrazo de perdón,
nos dilata tu alegría, mi Señor.

Junto a ti, mi Señor,
la armonía siempre brota junto a ti.

Lectura de la Palabra

(Rm 12, 9-16)

Que vuestra caridad sea auténtica: detestando el mal, adhiriéndoos al bien; amándoos cordialmente los unos a los otros; estimando en más cada uno a los otros; con eficacia, sin negligencia; con espíritu fervoroso; con la alegría de la esperanza; constantes en la tribulación; perseverantes en la oración; compartiendo las necesitades; practicando la hospitalidad. Bendecid a los que os persiguen, no maldigáis. Alegraos con los que se alegran; llorad con los que lloran. Tened un mismo sentir los unos para con los otros; sin complaceros en la altivez; atraídos más bien por lo humilde; no os complazcáis en vuestra propia sabiduría.

Meditación

Al inspirar, repite mentalmente: *Señor.*
Al espirar: *Armonía de mi vida.*

Gesto compasivo

Inclina la cabeza y junta las manos sobre el pecho.

Piensa en aquellas personas que son perseguidas debido a sus convicciones sociales, políticas o religiosas. Genera sentimientos de compasión hacia ellas y alimenta en tu corazón la esperanza y el anhelo de que los líderes mundiales se comprometan activamente con la defensa de los derechos humanos.

Si conoces a alguien que esté sufriendo persecución, llévalo en tu pensamiento durante esta oración, deseando fervientemente su liberación.

Oración

En tu presencia
encontramos la calma
y el equilibrio de la vida.

En tu presencia
se aviva el deseo de sentirnos uno
con todos los seres vivos.

En tu presencia
se fragua el compromiso de caminar
junto a los que más ayuda necesitan.

En tu presencia
cuidamos el planeta que nos sostiene
y admiramos la belleza que nos rodea.

En tu presencia
todo fluye en armonía;
es lo que tiene que ser.

En tu presencia
todo está bien.

16

Sinfonía de amor

Desde tiempos remotos, al ser humano le ha sobrecogido el misterio de la vida y se ha sentido extasiado ante la majestuosidad del Universo: una noche estrellada, el esplendor de un amanecer, el sabor de los alimentos, la presencia y compañía de las más diversas criaturas, la delicadeza de una flor, la perfección del nuestro propio organismo... Todo el cosmos se despliega y vibra al unísono en un armónico y esplendoroso canto de amor.

Invocación

Alcemos nuestra voz y entonemos
con todas las criaturas un emocionado canto de amor:
¡Bendito y alabado seas, Señor!

Silencio y Consciencia

Siéntate en una postura relajada y atenta. Observa tus sensaciones... Siente la vida que se expresa en todo tu ser... Imagina un bosque donde habitan diversas criaturas: una ardilla recoge frutos, un pajarillo construye su nido, un ciervo pasea entre los árboles... El murmullo del río acompaña el escenario.
Al caer la noche, un búho se une al concierto natural.
Contempla el cielo estrellado...
Te sientes feliz ante tanta grandeza. Dios está en todo.

Oración

El Universo es una sinfonía de amor:
Gracias por el regalo de la creación.

Eres bueno y admirable, Padre Dios.
El universo entero palpita agradecido
ante el torrente de la Vida que se expande
con el abrazo de tu presencia compasiva.
Y por eso te bendecimos.

Cada molécula lleva la impronta de tus manos,
cada partícula estelar es tu latido.
Eres la plenitud y la armonía,
la sabiduría que da sentido a cuanto existe.
Y por eso te bendecimos.

Es maravilloso recorrer las praderas,
adentrarse en los bosques, nadar entre las olas,
escalar altas cumbres, descender a las simas
o volar entre nubes porque allí te encontramos.
Y por eso te bendecimos.

Nos sorprende el esplendor de cada amanecer,
la energía de las cataratas y el ímpetu del mar.
Eres la sinfonía que armoniza nuestros sentidos,
la ternura y amor sin medida, la luz que ilumina todo.
Y por eso te bendecimos.

El Universo es una sinfonía de amor:
Gracias por el regalo de la creación.

Lectura de la Palabra

(Hch 17, 24-28)

El Dios que hizo el mundo y todo lo que hay en él, que es Señor del cielo y de la tierra, no habita en santuarios fabricados por seres humanos; ni es servido por manos humanas, como si de algo estuviera necesitado, Él que a todos da la vida, aliento y todas las cosas. Él creó, de un solo principio, todo el linaje humano, para que habitase sobre la faz de la tierra fijando los tiempos determinados y los límites del lugar donde habían de habitar, con el fin de que buscasen la divinidad, pues en él vivimos, nos movemos y existimos.

Meditación

Permanece inmóvil y en silencio, atendiendo a la respiración. Inspira y espira lentamente. Evoca un lago de aguas tersas... cada sensación, cada incomodidad, cada pensamiento es una pequeña onda que se forma en el agua... deja que todo vuelva a la calma.

Gesto compasivo

Inclina la cabeza y cruza las manos sobre el pecho.
Piensa en aquellos que ignoran las necesidades
de la Naturaleza, atrapados en su propia ceguera
y arrogancia.
Muestra compasión hacia los animales que sufren
explotación y maltrato a manos humanas.
Anhela fervientemente que todos amemos, protejamos
y cuidemos a nuestros compañeros de vida. Trabaja
para que este deseo se haga realidad en tu entorno
más cercano.

Oración final

Gracias, Señor,
por la majestuosidad de la Naturaleza
que nos envuelve
y de la que formamos parte.

Admiramos la perfección
y belleza manifestada
en cada ser viviente.

Sintonizamos en la calma y
la serenidad de los entornos
que nos permiten reconectar
con nuestra esencia.

Inspíranos para que aprendamos
a cuidar la Naturaleza con esmero.
Necesitamos ser hábiles protectores
de su evolución y su equilibrio.

Deseamos ser conscientes
de las necesidades que emergen
y prevenir cualquier daño
o desequilibrio que pueda acontecer.

Que la acción del ser humano
sea responsable y respetuosa
para que el bien de todo el universo
sea una prioridad.

Solo así esta casa que habitamos
será un hogar hermoso para todos.

17

Aquí y ahora

Es fácil dejar pasar nuestros días sumidos en una existencia despistada y vacía. Permanecer consciente es reconocerse a sí mismo y centrarse en lo que uno experimenta en cada momento; es saberse parte de un Todo que nos abarca y supera, es abismarse en la infinitud de la Gran Presencia que nos acoge y nos renueva.

Invocación

Tú, Señor, conoces nuestros deseos y esperanzas.
Escúchanos y renueva nuestros sueños.

Silencio y Consciencia

Cierra los ojos y toma conciencia de la respiración.
Relaja todo tu cuerpo... Al prolongar la espiración
se incrementa la sensación de calma y placidez.
Te encuentras atento y en la presencia de Dios.
Observa las sensaciones corporales que aparecen y
repite mentalmente: *"Aquí estoy en este momento"*.
Observa el pensamiento que te llega y repite
mentalmente: *"Aquí estoy en este momento"*.
Cada vez que notes una tensión, una distracción
o una emoción repite mentalmente: *"Aquí estoy
en este momento"*.

Oración
(Inspirada en el Salmo 95)

Tú eres la alegría de nuestras vidas.

Cantad al Señor un cántico nuevo,
cantad al Señor canciones bien entonadas;
que vuestra melodía se escuche en toda la tierra
y que contagie a todo el mundo de entusiasmo.

Que se alegren el cielo y la tierra,
que rebose de emoción el mar y cuanto lo llena;
que florezcan los campos y se pueblen de vida,
que el planeta entero estalle de alabanza y de júbilo.

Porque el Señor reivindica el orden de la tierra,
el cuidado de un planeta habitable para todos,
donde la justicia, la paz y el bienestar humanos
hagan posible la concordia entre los pueblos.

Que todos los seres conozcan la bondad de Dios,
y lo maravilloso que es permanecer a su lado;
nada es comparable a su presencia
porque con Él todo se renueva, todo cobra sentido.

Hombres y mujeres, niños y niñas:
aplaudid con regocijo al Señor y hablad bien de Él
porque es la energía que todo lo renueva.

Quienes estáis en el ocaso de vuestros días,
alabad al Señor y agradeced
el nacimiento de otra aurora, el descanso de otra noche
porque os regala la hermosura de cada jornada.

Que todo ser viviente cante a los cuatro vientos
la fortuna y el gozo de sentirse
favorecido por el Dios de la Vida,
de reposar en la intimidad de su regazo.

Tú eres la alegría de nuestras vidas.

Lectura de la Palabra

(Lc 17, 20-24)

Los fariseos le preguntaron a Jesús cuándo llegaría el reino de Dios. Jesús les respondió: "El Reino de Dios viene sin dejarse sentir. Y no dirán: Vedlo aquí o allá, porque el Reino de Dios ya está entre vosotros".

Meditación

Inspira, y al espirar di mentalmente:
Aquí estoy, Señor.

Gesto compasivo

Inclina la cabeza y coloca tus manos cruzadas sobre el pecho.
Sé consciente de la superficialidad con la que a veces encaras tu vida diaria y de tus dificultades para vivir el presente.
Evoca a alguna persona conocida que necesita vivir de forma más consciente y ser más autónoma para lograr un mayor control de su propia existencia.
Desea intensamente que aprenda a caminar con atención y sentido para que pueda tomar en sus manos las riendas de su vida.

Oración final

Dios, creador y Padre,
deseas que colaboremos contigo
para hacer de esta Tierra
un mundo más habitable.

Nos liberas
de las ataduras que entorpecen
el desarrollo de la persona.

Nos mueves
a practicar la justicia, la fraternidad
y la compasión.

Nos animas
a hacer lo posible
para aliviar el dolor de los que sufren.

Nos comprometes
a respetar la creación y a comprender
a todas las criaturas.

En ti encontramos la fortaleza,
la serenidad y el impulso
para hacer el bien.

18

Confío en ti

Cuando depositamos la confianza en las fuerzas humanas, nuestras esperanzas se desmoronan porque la inconsistencia y la finitud acompañan nuestros pasos. Solo Dios puede proporcionarnos la seguridad y la fortaleza necesarias para afrontar las dificultades de cada día.

Invocación

Dios de la vida; en tus manos ponemos
nuestras ilusiones y esperanzas

Tu presencia amorosa nos reconforta.
En ti confiamos.

Silencio y Consciencia

Colócate en una postura relajada y atenta.
Toma conciencia de la vida que se manifiesta en tu cuerpo... siente las pulsaciones... Presta atención al aire que respiras... hazlo de forma rítmica y sosegada...
Observa los pensamientos que aparecen... no te dejes llevar por ellos... son como nubes que pasan...
Acepta este silencio... acoge esta paz que hay en ti.
Atiende a la bondad amorosa del Dios... confía en su presencia transformadora.
Quédate así, respirando la confianza y el amor que proviene de Dios.

Oración

(Inspirada en el Salmo 42)

¿Dónde estás, Señor?
Día y noche te busco: eres mi vida y mi luz.

Igual que la cierva anhela los arroyos
de aguas transparentes y vivificadoras,
así te busco yo, Dios mío;
estoy sediento de ti; eres mi vida
y deseo encontrarte.

Cuando mi existencia se vuelve gris
y la niebla de la tristeza me turba,
cuando pregunto una y otra vez
"¿dónde estás?" y me asalta la nostalgia
y el recuerdo de tiempos mejores;
cuando me siento apagado y desfallezco,
me vuelvo a ti y te pregunto:

"¿Por qué me dejas en la sombra?
¿Por qué permites que camine a la deriva?".
Y te suplico:
"¡No me olvides porque sin ti, nada soy!".

En la armonía del silencio,
escucho tu voz, cargada de amor y de bonanza,
y suscitas en mi interior comprensión,
serenidad y dicha.
Todo se vuelve destello fugaz de tu presencia.

Eres la luz que diluye mis tristezas,
el refugio que protege la fragilidad de mi vida,
la verdad que disipa mis dudas y temores,
el camino de regreso a casa.

¿Dónde estás, Señor?
Día y noche te busco: eres mi vida y mi luz.

Lectura de la Palabra

(1Ts 5, 4-6)

Vosotros hermanos no vivís en la oscuridad, para que ese día no os sorprenda como un ladrón, porque todos sois hijos de la luz e hijos del día. Nosotros no somos de la noche ni de las tinieblas. Así pues, estemos atentos y vivamos correctamente, con sobriedad.

Meditación

Inspira, y al espirar repite mentalmente:
Paz.

Gesto compasivo

Inclina la cabeza y coloca tus manos cruzadas
sobre el pecho.
Sé consciente de las experiencias dolorosas
del pasado a las que aún continúas anclado...
Piensa en las preocupaciones inoperantes que
te causan desasosiego ante el porvenir...
Imagina que una luz azul irradia calma
en tu interior y te devuelve al presente donde
no hay nada que temer.
Recuerda a alguna persona conocida que
desgasta su energía recordando un pasado infeliz...
o que sufre pensando en un futuro incierto.
Imagina que una luz azul le inunda de paz
y la devuelve al presente donde no hay temores
ni amenazas.

Oración

Padre Dios:
Contigo nos sentimos seguros.

Eres la roca que sostiene nuestra existencia;
el refugio que nos cobija en la adversidad;
el camino de regreso al hogar;
el silencio donde encontramos luz;
el sosiego que conforta nuestro espíritu fatigado;
el amor que dignifica nuestro trabajo.

Anima las tareas a las que nos impulsas,
multiplica el fruto de nuestra labor,
haz eficaces los esfuerzos de cada día,
restaura los ánimos debilitados,
clarifica nuestras intenciones y deseos,
bendice nuestros gestos
de bondad y generosidad.

Vivimos confiados y en paz
porque Tú eres nuestro fundamento
y nuestro descanso.

19

Desde tu silencio

En el silencio sentimos la bondad de Dios que se despliega con todo su esplendor a través de la Naturaleza; en el silencio intuimos la presencia discreta de la providencia que se manifiesta en la Historia rebosante de acontecimientos; en el silencio experimentamos la ternura del Padre que habita y sustenta la intimidad sagrada de cada ser humano. En el silencio habita la serenidad.

Invocación

Nuestro espíritu proclama tu bondad.

Gracias, Dios del silencio, por tu presencia serena entre nosotros.

Silencio y Consciencia

Cierra los ojos y relaja el rostro... los hombros... todo tu cuerpo. Atiende a tu respiración tranquila... Imagina que eres un árbol frondoso. Los pensamientos que aparecen son como las hojas que se desprenden... déjalos caer... Eres un árbol que respira...
Siente cómo circula el aire...
Sigue observando los pensamientos que van y vienen... deja que se vayan... simplemente regresa a la respiración... Experimenta serenidad. Mantente en el silencio. Dios siempre está aquí.

Oración

(Inspirada en el Salmo 135)

En tu silencio, despierto:
Contigo todo cobra sentido.

Gracias, Señor, porque eres bueno,
porque nos acompañas a lo largo de la vida,
porque en tu silencio vemos con amplitud,
porque tu presencia serena nuestros afanes.

Gracias porque eres único.
Nada ni nadie puede competir contigo:
ni los poderosos, ni los artistas;
ni los científicos ni los sabios.
Nadie está a tu altura.

Eres el autor de todo lo que nos envuelve:
de las maravillas que contemplan nuestros ojos,
de la inmensidad cósmica y atómica,
del misterio y del orden de la vida con
sus formas infinitas.

No hay palabras capaces de expresar
tu bondad con el ser humano.
Nos fascina tu presencia amorosa en la Historia,
nos sobrecoge tu inagotable misericordia.

Lates en el núcleo de nuestra vida,
alimentas nuestro espíritu
y alientas nuestra esperanza.
Nos orientas y acompañas con profundo respeto.
Tú nos infundes serenidad y paz.

En tu silencio, despierto:
Contigo todo cobra sentido.

Lectura de la Palabra

(Ef 3, 20-21)

A Dios, que puede hacer mucho más sin comparación de lo que pedimos o pensamos, con ese poder que actúa en nosotros, a Él la gloria de la Iglesia y de Cristo Jesús por todas las generaciones, por los siglos de los siglos.

Meditación

Respira tranquilamente, inspirando y espirando con serenidad. En silencio, observa los pensamientos que surgen y, como las hojas secas flotando en el curso de un río, permíteles pasar sin aferrarte a ellos.

Gesto compasivo

Inclina la cabeza y coloca tus manos cruzadas
sobre el pecho.
Evoca el amor familiar que, desde tu infancia,
ha acompañado tu vida. Has sido afortunado.
Se consciente de que no en todas las familias
ocurre así.
Expresa interiormente un profundo deseo
de ser padre y madre de tanta criatura desvalida.

Evoca a alguna madre o padre concreto que
no sabe o no puede expresar cariño y ternura
a sus hijos... Siente compasión y desea que en
su día a día, mejoren las relaciones familiares.

Oración final

Señor, nos regalas el tiempo,
las horas, los minutos, los segundos,
testigos incansables de nuestra existencia.

Nos regalas el espacio,
el escenario en el que protagonizamos nuestras vidas.

Nos sostienes con tu amor incondicional
que da sentido a nuestro paso por el mundo.

¡Qué grande es tu bondad!

Comparte con nosotros tu divinidad
para que seamos vida y esperanza,
expresión de tu amor y de tu misericordia
entre los seres humanos.

20

En la tormenta

Siempre acaba llegando una tormenta. A todos se nos presentan situaciones no deseadas que causan dolor y desajustes. En estas circunstancias es fácil sentirse oprimido bajo un peso que asusta e inmoviliza. Sin embargo, no podemos olvidar que Dios es nuestra fortaleza y que nuestra seguridad y nuestro vigor descansan en su presencia.

Invocación

Señor, en tus manos ponemos nuestros sueños,
proyectos y tareas.
Tú presencia firme y serena nos fortalece.

Silencio y Consciencia

Cierra los ojos... relaja la frente... el rostro,
los hombros... todo tu cuerpo. Observa el aire
que respiras de forma rítmica y sosegada.
Recuerda un momento feliz en tu vida...
Evoca también alguna situación dolorosa...
Observa ambos recuerdos sin aferrarte a ninguno
de ellos... Todo pasa... deja que estos recuerdos
se desvanezcan... Acoge el silencio que te rodea
y siente que estás en la presencia de Dios.
Eres el amor profundo que Dios ha depositado en ti.
Él es tu fortaleza. Permanece en su presencia.

Oración

(Inspirada en el Salmo 18)

En la noche, Señor, eres mi estrella;
en la tormenta, mi refugio;
en el naufragio, mi esperanza.

Eres la roca firme que me sostiene,
la fortaleza impenetrable que me protege,
el libertador de miedos y ataduras.
En tu presencia me siento fuerte y seguro.

Cada vez te estoy más agradecido.
Aunque me acosen amarguras y desastres,
aunque me angustien las penalidades de la vida,
Tú me capacitas para salir de los abismos.
En tu presencia me siento fuerte y seguro.

Tengo experiencia de fracasos y derrotas,
He soñado quimeras,
he caminado por sendas oscuras.
Me he enfrentado a personas tóxicas.
Y, una y otra vez, tu aliento me reanima.
En tu presencia me siento fuerte y seguro.

Tú valoras mis mejores cualidades,
me animas a ser justo y prudente
me pides sinceridad y coherencia;
eres la luz de mi vida, la lámpara de mis noches.
En tu presencia me siento fuerte y seguro.

En la noche, Señor, eres mi estrella;
en la tormenta, mi refugio;
en el naufragio, mi esperanza.

Lectura de la Palabra
(Mt 8, 23-27)

Jesús subió a la barca y sus discípulos lo acompañaron. En esto, se desató sobre el lago una tormenta tan fuerte que las olas cubrían la barca. Pero Jesús estaba dormido. Entonces sus discípulos fueron a despertarlo, diciéndole: "¡Señor, sálvanos! ¡Nos estamos hundiendo!" Él les contestó: "¿Por qué tanto miedo? ¡Qué poca fe tenéis!". Dicho esto, se levantó y dio una orden al viento y al mar, y todo quedó completamente tranquilo. Ellos, admirados, se preguntaban: "¿Quién será éste que hasta los vientos y el mar le obedecen?".

Meditación

Al espirar, di mentalmente:
En ti confío, Señor.

Gesto compasivo

Inclina la cabeza y coloca tus manos cruzadas sobre el pecho.
Evoca a las personas que carecen de energía para afrontar las dificultades de la vida. Piensa en los jóvenes desorientados que no saben qué hacer con su vida...
Recuerda incluso a los que han pensado en poner fin a su existencia.
Trae a tu mente a alguno que conozcas en esta situación. Siente una profunda compasión y desea que en su camino encuentre personas de luz que le aporten fortaleza, energía y esperanza.

Oración final

Señor,
contigo nos sentimos seguros,
porque eres la roca firme
sobre la que estamos
cimentados;
el refugio al que acudimos
para recibir fortaleza;
el camino que nos guía hacia ti;
el silencio
que se hace luz y amor profundo.

Tú haces más fácil nuestro trabajo,
nos acompañas en la Misión,
animas nuestras tareas
y multiplicas la eficacia
de nuestras labores.

Por eso nos sentimos confiados
y en paz.

Señor,
contigo nos sentimos seguros.

En ti descansamos,
porque Tú eres la vida que somos
y la razón de ser del Universo.

21

Mirada compasiva

Pese a ser una utopía, el deseo de que el dolor de la humanidad desaparezca no es sino una manifestación de la bondad latente que reside en el interior de cada ser humano. Llevamos semillas de ternura y de compasión que, con frecuencia, quedan ocultas por las torpezas y agitaciones del día a día. El Señor, con su mirada amorosa, nos invita a ser conscientes y a mirar con bondad a nuestros hermanos.

Invocación

Tú, que eres amor, regálanos tu mirada bondadosa.
Haz que germinen en nosotros semillas
de compasión y de misericordia.

Silencio y Consciencia

Colócate en una postura cómoda pero atenta.
Relaja todo tu cuerpo.
Respira con calma... Date cuenta de que al exhalar te sientes más tranquilo.
Permite que tu cuerpo y tu mente se silencien...
Te encuentras sumergido en la presencia de Dios.
En cada espiración repite mentalmente:
"Paz... paz... paz...".
Permanece en esta actitud durante unos minutos.

Oración

(Inspirada en el Salmo 38)

Mírame con bondad,
ilumina mi vida,
confía en mi fragilidad.

Aunque deseo aprender del prudente y del sabio,
con frecuencia me dejo llevar
por los circuitos tortuosos del orgullo y del ego.

Aunque me prometo vivir con gozo
y disfrutar con lo que la vida me presente,
el desánimo y el cansancio pueden conmigo.

Aunque quiero mirar con amor a los hermanos,
soy frágil; los apegos, los deseos y el orgullo
entorpecen mi encuentro con los demás.

Tú me conoces bien, Señor:
soy una nube,
un soplo, una sombra que pasa,
un puñado de polvo que el viento se lleva.

Escúchame, presta oído a mis gritos,
no ignores mis lágrimas.
Dame aliento para que mi rostro se alegre.

Contigo se enriquece mi vida,
se desvanecen las naderías que me angustian.
En ti deposito mi confianza
porque Tú eres bueno.

Mírame con bondad,
ilumina mi vida,
confía en mi fragilidad.

Lectura de la Palabra

(2 Cor 1, 3-4)

¡Bendito sea el Dios y Padre de nuestro Señor Jesucristo, Padre de misericordia y Dios de toda consolación, que nos conforta en todas nuestras tribulaciones para que también nosotros podamos consolar a los que están en cualquier tribulación, mediante el amor con que nosotros somos consolados por Dios.

Meditación

En cada inspiración di mentalmente: *Señor.*

En cada espiración, repite: *Bueno y misericordioso.*

Gesto compasivo

Inclina la cabeza y cruza tus manos sobre el pecho. Trae a la mente un dolor específico de la humanidad: guerra, hambre, catástrofe... Observa la situación y desea que ese dolor desaparezca...

Trae a la mente un dolor concreto de tu entorno cercano... Observa la situación y anhela que llegue a su fin...

Trae a la mente la dolencia que experimenta alguna persona conocida... Contempla la situación y desea que cese ese sufrimiento...

Siente una profunda compasión ante tanto padecimiento y proponte realizar acciones positivas para contribuir al alivio de ese dolor.

Oración final

Padre bueno,
nuestra vida se purifica en tu presencia
porque nos invitas a reconocer nuestros errores
y nos mueves a hacer el bien.

Todos somos uno contigo;
el dolor que ocasionamos a un hermano,
la indiferencia y la inacción ante la injusticia
repercuten en la humanidad entera.

Despierta nuestra sensibilidad
y aviva las brasas adormecidas de nuestro espíritu.

Padre misericordioso,
restaura la dignidad y la bondad
en el corazón de cada ser humano.

Estamos dispuestos a ser
compasivos y misericordiosos
con los que sufren.

Solo el amor, tu amor de Padre,
nos hace hermanos.

22

Sin ti no soy nada

Necesitamos encender nuestro espíritu, con frecuencia acomodado y adormecido por la superficialidad. Desde la escucha silenciosa que suscita la presencia de Dios, podemos dejar que sople esa brisa indescriptible del Espíritu que reanima y alienta nuestras vidas.

Invocación

Señor, en tu presencia nos sentimos brasas de hoguera.
Tu amor reaviva nuestras ilusiones y esperanzas.

Silencio y Consciencia

Cierra los ojos. Relaja el rostro... los hombros... todo tu cuerpo.

Respira con tranquilidad, prolongando la espiración.

Coloca sobre el pecho tus manos unidas con los dedos entrelazados. Mantén una tensión mínima, la necesaria para permanecer es esta postura. Dirige tu atención a las pulsaciones que percibes en los dedos y en las manos... Concéntrate en el huequecito que se ha formado entre las palmas, como si entre ellas guardaras un pequeño objeto. Toma conciencia del calor que se genera en el interior de las manos. Dirige ahí tu atención y respira con calma.
Dios es calor, cercanía, ternura; Dios es Todo.

Oración
(Inspirada en el Salmo 104)

Señor, contigo a nuestro lado todo es;
todo está bien.

Dad gracias al Señor y hablad de su bondad.
Contad lo bien que os va en su compañía,
cantad las maravillas de sus obras,
proclamad que Dios es luz, amor y vida.

No dejéis de buscarle sin descanso.
Animaos porque está a vuestro lado.
Recordad que os ha elegido,
igual que a Abraham,
para hacer del amor vuestra esperanza.

Por eso sois tan fuertes y dichosos.
No hay sombra que lo cubra
ni voz que lo silencie.
Quiere que el amor se multiplique
y llevéis una vida de ternura y compasión.

El Señor es Todo en todo.
En Él descansamos y vivimos,
confiamos en sus planes para el mundo
y nunca quedaremos defraudados.

Señor, contigo a nuestro lado todo es;
todo está bien.

Lectura de la Palabra
(Is 55, 10-11)

Esto dice el Señor: "Como bajan la lluvia y la nieve desde el cielo, y no vuelven allá sino después de empapar la tierra, de fecundarla y hacerla germinar para que dé semilla al sembrador y pan al que come, así será la palabra que sale de mi boca: no volverá a mí vacía, sino que cumplirá mi deseo y llevará a cabo mi encargo".

Meditación

Inspira y espira con calma y en total silencio.

Simplemente, siéntete en la presencia del que Todo es.

Si te das cuenta de que te distraes vuelve amablemente a la respiración y continúa en el silencio.

Gesto compasivo

Inclina la cabeza y coloca tus manos cruzadas
sobre el pecho.
Aunque sabes que eres "unidad", a veces te percibes
dividido y actúas de forma incoherente, dispersa,
disgregada. Compadécete de tus propias
incongruencias...
Si conoces a alguna persona víctima de una adicción
(atrapada por la droga, el alcohol, el juego...)
evoca su rostro. Desea intensamente que pueda
encontrar el camino terapéutico que le ayude
a lograr la unidad y el equilibrio.

Oración final

Señor,
cuida de nosotros con pasión.

Concédenos la libertad
de poder elegir y equivocarnos;
acompáñanos siempre.

En las dificultades
camina a nuestro lado.

Que afrontemos el dolor,
el mal y los pesares
con la esperanza de sabernos salvados.

Que seamos aliento y fortaleza
para los desalentados.

Que prendamos la llama
que desate una hoguera
de amor y de compasión
en el corazón
de los seres humanos.

23

Mirada bondadosa

Con demasiada frecuencia, nuestros sentidos se saturan y hacen que percibamos la realidad de forma distorsionada. Nos acostumbramos a ver sin atender y observamos la realidad con una mirada torpe y cargada de prejuicios. Dios nos mira con ojos de Padre, contempla a sus criaturas con amor y comprensión. Él nos dirige una mirada única.

Invocación

Padre Dios, Tú nos miras con cariño y comprensión.
Tu mirada providente nos proporciona
fuerza y seguridad para vivir.

Silencio y Consciencia

Adopta una postura cómoda y atenta. Relaja todo tu cuerpo. Dirige tu atención a la respiración...
Visualiza un cachorrito... Siente bienestar en su compañía... Lo miras con dulzura... aparecen sentimientos de simpatía y complicidad.
Visualízate mirando a un bebé... tu rostro sonríe. Tu mirada es tierna... Todo tu cuerpo rebosa cariño y ternura. Piensa en el encuentro con un ser querido...
Tu mirada transmite afecto, emoción, cercanía...
Imagina que también tú eres recibido con enorme cariño por tus seres queridos... Siente ese amor.
Visualízate contemplado por Dios; su mirada es profundamente amorosa.

Oración
(Inspirada en el Salmo 33)

Nuestra mirada
descansa en tu presencia.

No nos cansamos de expresar
con sencillez de corazón:
¡A tu lado nos sentimos felices,
tu presencia inspira nuestra vida!

Porque Tú, Señor, nos miras con ternura,
nos cautivas, nos inspiras confianza,
alegras las sombras de nuestra mirada
y nos proporcionas seguridad y energía.

Tu presencia disipa los temores
y nos anima a enfrentarnos a la vida
con pasión y sin recelos,
fortalecidos ante los desafíos que nos llegan.

Cuando el sufrimiento empaña la calma,
descansamos en tu regazo maternal,
y así, escuchas, alivias y abrazas,
con infinito cariño, nuestra fragilidad.

Por eso decimos con alegría:
¡Tú, Señor eres el amor en plenitud!
¿Qué más podemos desear?
¡Bienaventurados los que confían en ti!

Nuestra mirada
descansa en tu presencia.

Lectura de la Palabra

(Hb 12, 2)

Mantengamos fija la mirada en Jesús, pues de Él viene nuestra fe y Él es quien la perfecciona. Él, por el gozo que le esperaba, soportó la cruz y no le dio importancia a la vergüenza que eso significaba, y ahora está sentado a la derecha del trono de Dios.

Meditación

Inspira, y al espirar di mentalmente:

Nos llenas de amor.

Gesto compasivo

Inclina la cabeza y coloca tus manos cruzadas sobre el pecho en un gesto de recogimiento y apertura.

Evoca el rostro de cada miembro de tu familia cercana. Dirige una mirada relajada y cargada de cariño mientras le dices mentalmente: "Te quiero mucho". Deja que estas palabras resuenen en tu interior, como un eco de afecto que se expande.

Siente cómo cada uno de ellos te devuelve un gesto de cariño y ternura. También te dicen: "Te quiero mucho". Deja que esta reciprocidad de afecto y aprecio te llene de calidez y gratitud.

Que este ejercicio fortalezca los lazos afectivos y te recuerde el valor y la importancia de la familia en tu vida.

Oración final

Padre Dios,
nos conmueve
tu mirada serena y bondadosa
que todo lo comprende.

Nada hay tan comparable
como sentirse en brazos de una madre.
En tus brazos me siento
Padre-madre Dios,
Dios padre-madre.

Tu mirada sanadora
nos enseña a curar nuestras fracturas
y a consolar el llanto del hermano herido.

Tu mirada integradora
nos ayuda a comprender
que los demás son parte de nosotros.

Tu mirada compasiva
proporciona seguridad y confianza
para multiplicar el amor sin condiciones.

Míranos, aquí estamos,
dispuestos a compartir éxitos y fracasos
con los hombres y mujeres que caminan
a nuestro lado.

No apartes tu mirada de nosotros,
Padre Dios de ojos limpios;
Madre Dios bondadoso.

24
Serena ecuanimidad

Es fácil dejarse arrastrar por la pasión. Necesitamos cierto equilibrio para distanciarnos de la ceguera del fanatismo y de los prejuicios que obstaculizan la convivencia. En Dios encontramos ecuanimidad. Es lo que tiene el amor, siempre disculpa y comprende; siempre acoge sin juicio.

Invocación

Dios de la serenidad:
eres equilibrio, ecuanimidad y armonía.
Danos sosiego, mesura, equilibrio, concordia y paz.

Silencio y Consciencia

Cierra los ojos y adopta una postura cómoda y atenta
permitiendo que todo tu cuerpo se relaje. Imagina
que caminas y te encuentras con una persona que no
te resulta agradable. Toma conciencia de esta aversión.
Percíbela como un ser humano que tiene una historia
propia... Tuvo infancia y momentos de felicidad...
Como tú, tiene sueños y metas por alcanzar.
Comprende que su historia es única y también recibe
el amor incondicional de Dios.
Mírala con clemencia... ¡Nada importa su aspecto!...
Desea que le vaya bien en la vida. Dile mentalmente:
"Deseo que seas feliz". Repítelo varias veces
y permanece en este estado de calma compasiva.

Oración
(Inspirada en el Salmo 63)

Que la serenidad y el equilibrio nos liberen:
Danos tu paz.

Señor, mira nuestras penas y amarguras,
protégenos de esos días que solo traen calamidades.
Líbranos de la maldad y de sus consecuencias.
Ayúdanos a vivir de modo consciente.

Protege a los seres humanos
de las malas lenguas, de las manos violentas
y de las balas envenenadas de los cínicos.
Que florezcan el bien y la verdad.

Aleja de nosotros el poder de los infames
que intentan engañarnos con astucia,
atraparnos con sus tretas
y enredarnos para hacernos cómplices
de sus sospechosas intenciones.

No queremos que nos arrastre el sinsentido
de las mentes desesperadas y los corazones vacíos.
Líbranos de la pasión desenfrenada
y que la disputa no tenga cabida en nuestras casas.

Tú que nutres de paz nuestro espíritu,
permite que la concordia y la ecuanimidad
fluyan en nuestra convivencia,
y que sepamos ver, sin recelos ni prejuicios,
lo bueno de cada persona.

Que la serenidad y el equilibrio nos liberen:
Danos tu paz.

Lectura de la Palabra

(Mt 7, 1-5)

En aquellos días dijo Jesús: "No juzguéis, para que no seáis juzgados. Porque con el juicio con que juzguéis seréis juzgados y con la medida con que midáis se os medirá a vosotros. ¿Cómo es que miras la brizna que hay en el ojo de tu hermano, y no reparas en la viga que hay en tu ojo? ¿O cómo vas a decir a tu hermano: 'Deja que te saque esa brizna del ojo?, teniendo la viga en el tuyo? Hipócrita, saca primero la viga de tu ojo, y entonces podrás ver para sacar la brizna del ojo de tu hermano".

Meditación

Inspira, y al espirar di mentalmente:

Yo soy.

Gesto compasivo

Inclina la cabeza y cruza tus manos sobre el pecho.
Piensa en la necesidad que tenemos de contar
a nuestro lado con personas serenas, ecuánimes,
acogedoras... que no juzguen a sus semejantes
con variables dicotómicas.
Siente compasión por ti cada vez que te dejas
arrastrar por la ceguera de las ideas... por el ascenso
de tu ego... por la subjetividad ofuscada...
por la mirada dura hacia tus semejantes...
Despierta en tu interior el profundo deseo
de comprometerte en la construcción de una sociedad
más equilibrada y justa en la que cada ser humano
sea valorado y apreciado.

Oración final

Dios de la serenidad y el equilibrio,
estás aquí, siempre lo estás, con espíritu
armónico y ecuánime.

Tú haces que la naturaleza fluya,
que todo cuanto existe sea lo que tiene que ser.

Deseamos que nuestras relaciones fluyan,
se consoliden y florezcan
al ritmo equilibrado del amor;
que las personas crezcan y maduren
con su propia fragancia, originalidad y estilo,
para que puedan escribir los versos
de una vida personal libre y autónoma.

Líbranos de prejuicios y etiquetas
para mirar a cada ser humano
con ojos nuevos, con mirada limpia.

25

Somos tu sueño

La falta de esperanza es una de las carencias más significativas de nuestra época. A los seres humanos no nos basta con alargar la vida, disponer de los maravillosos avances de la ciencia o conquistar los irrenunciables "derechos humanos". Podemos seguir perdidos y vacíos si no encontramos el sentido de nuestra vida. Los creyentes creemos en el proyecto de Dios del que formamos parte; solo Él confiere sentido a nuestra vida.

Invocación

Dios mío, solo Tú das sentido a nuestras vidas.
Formamos parte de tu proyecto de amor.

Silencio y Consciencia

Cierra los ojos. Adopta una postura cómoda y atenta. Relaja todo tu cuerpo. Realiza tres inhalaciones profundas... espirando cada vez más lentamente. Imagina tu nacimiento... tal vez te contaron cómo fue, quién estaba presente... Con tu llegada el hogar familiar se llenó de alegría ... Evoca momentos positivos de tu infancia... Tu primer éxito en la escuela, una fiesta de cumpleaños, el abrazo tierno de algún familiar... Sin duda, formas parte del proyecto de muchas personas... Toma conciencia de que Dios te ama profundamente. Te ha elegido y formas parte del sueño que tiene sobre ti...

Oración
(Inspirada en el Salmo 102)

Tú eres nuestro presente, nuestro futuro,
nuestro horizonte de esperanza.

Alégrate alma mía; bendice al Señor
porque ha llenado tu vida de sentido,
con su proyecto de amor y de ternura.

Él te rescata del vacío de la muerte,
te libera de tus miedos y pesares,
te anima a mantener un espíritu joven,
te regala esa paz que tanto precisas.

Hagas lo que hagas, te comprende,
es bondadoso, flexible y tolerante;
su compasión no tiene límites
y es tierno su corazón de madre.

Los días de cada mujer y de cada hombre
son como las flores del campo:
se marchitan después de florecer
y cuando sopla el viento vuelven a la tierra,
pero no al polvo del olvido.

Él despierta nuestra mirada hacia nuevos horizontes;
nos llena de alegría y de esperanza
porque nos ha prometido que aquí no acaba todo,
que hay futuro para nosotros, su sueño más amado.

Tu eres nuestro presente, nuestro futuro,
nuestro horizonte de esperanza.

Lectura de la Palabra

(1 P 2, 9)

Sois un linaje elegido, un sacerdocio real, una nación consagrada, un pueblo adquirido por Dios para anunciar las grandezas del Aquel que os ha llamado a salir de las tinieblas y caminar en su luz admirable.

Meditación

Inspira, y al espirar di mentalmente:
Aquí estoy, Señor.

Gesto compasivo

Inclina la cabeza y coloca tus manos cruzadas sobre el pecho.
Evoca a las personas inmigrantes que van llegando a Europa soñando con una vida más digna. La mayoría de ellas ven truncado su sueño al encontrarse con situaciones dramáticas y desesperadas. Nuestra pasividad y nuestra indiferencia contribuyen a multiplicar su sufrimiento.
Toma conciencia de esta realidad. Despierta en ti el deseo sincero de colaborar con organizaciones que trabajan para la integración, la promoción y el desarrollo de estos hermanos nuestros, invisibles y anónimos.

Oración final

Padre de la existencia:
Desde el seno materno,
somos para ti un proyecto de amor,
de creatividad y de esperanza
que da plenitud a nuestras vidas.

Nos has otorgado libertad
para elegir nuestro camino,
y mientras lo transitamos,
nos acompañas discretamente,
ofreciéndonos consciencia, luz y cuidado.

Deseamos ser soñadores,
como Tú lo eres;
ansiar esa sociedad mejor que,
pese a nuestras torpezas,
podamos ir edificando.

Nos comprometemos a colaborar para
que la paz, el bien y la justicia
prevalezcan entre nosotros, los seres humanos.

Y así, en nuestro viaje,
vayamos encontrando
soñadores, personas admirables
que nos brinden su apoyo
y su calor de hermanos.

26

El que eres

Al ser humano le falta perspectiva. Su vuelo es tan rasante que necesita remontar a las alturas para entender el conjunto de los acontecimientos. Para quien practica la escucha profunda, en sintonía con Dios, todo es lo que tiene que ser; y está bien.

Invocación

Señor, queremos vivir en sintonía contigo.
Tu presencia nos llena de armonía y equilibrio.

Silencio y Consciencia

Adopta una postura cómoda y atenta.
Cierra los ojos y deja que todo tu cuerpo se relaje.
Dirige tu atención a una respiración consciente y sosegada.
Presta atención a ese pensamiento que te acaba de llegar... deja que se vaya... Viene otro... permite que se vaya... Si aparecen emociones, deja que estén... y permite que se vayan... Los pensamientos y las emociones son como las olas: crecen y desaparecen...
Aunque eres más que tus pensamientos y emociones poco puedes hacer para que no afloren.
Simplemente observa... Repite mentalmente la frase: "Este pensamiento pasa".
Dios permanece... siempre está.

Oración
(Inspirada en el Salmo 126)

En ti somos y existimos;
aceptamos lo que es y lo que está.
Que así sea.

Señor, si Tú no construyes la casa,
en vano se cansan los albañiles.
Si no estás presente en nuestras vidas
todo resulta trivial e insuficiente.

Aunque madruguemos, permanezcamos en vela,
o trabajemos hasta el agotamiento
no conseguiremos descubrir lo esencial de la vida;
solo Tú sabes lo que debe ser.

No es fácil aceptar las adversidades
ni las desgracias que nos conmueven;
no es sencillo comprender que la vida
tiene su curso, que todo fluye y está bien.

Tu deseo es que seamos compasivos
y que fomentemos la justicia y el derecho;
solo así podremos ser personas entusiastas
que no temen las adversidades ni las derrotas.

En ti somos y existimos;
aceptamos lo que es y lo que está.
Que así sea.

Lectura de la Palabra

(Ecl 3, 1 ss)

Todo tiene su momento, y cada cosa su tiempo. Su tiempo el nacer, y su tiempo el morir; su tiempo el plantar, y su tiempo el cosechar. Su tiempo el enfermar. Su tiempo el sanar; su tiempo el destruir, y su tiempo el edificar. Su tiempo el llorar, y su tiempo el reír; su tiempo el lamentarse, y su tiempo el danzar. ¿Qué gana el que trabaja con fatiga? Él ha hecho todas las cosas apropiadas a su tiempo. No hay para el ser humano más felicidad que alegrarse y buscar el bienestar en su vida. Todo lo que hace es don de Dios. Nada hay que añadir ni nada que quitar. Lo que es, ya antes fue; lo que será, ya es.

Meditación

Inspira y, al espirar di mentalmente:

Todo es.

Gesto compasivo

Inclina la cabeza... coloca tus manos cruzadas sobre el pecho.

Los seres humanos nos afanamos por acumular riquezas, en dejar nuestra huella para la posteridad... A pesar de que la Historia nos muestra, una y otra vez, que todo pasa, nos obstinamos en perdurar, nos resistimos a admitir que somos criaturas en tránsito. Siente compasión por ti, que te aferras a lo superfluo y olvidas la sabiduría que brota de la intimidad con Dios. Desea que la humanidad vaya por un camino consciente.

Oración final

Tú eres el que es.
Tu tiempo
no se encierra en el espacio,
y tu sabiduría
no cabe en nuestra mente.

Aceptamos lo que está y lo que llega.
Sabemos que la vida cambia y evoluciona
hacia el orden y el equilibrio.

En este hogar de todos
deseamos conservar el equilibrio
del ser humano con la Naturaleza.

Y en nuestra sociedad,
queremos ser agentes de paz y de justicia.

Buscamos despertar para sentir
que somos y existimos porque Tú
eres Presencia de Amor entre nosotros.

27

Danos tu paz

Nuestros días transcurren en permanente tensión. Como en una carrera de obstáculos, una vez superada una dificultad, cede el paso a otra nueva. Necesitamos distanciar nuestras emociones y descansar de tanto ajetreo. Dios es nuestro refugio. En Él encontramos sosiego en medio del cansancio y del estrés.

Invocación

Señor del descanso, la quietud y el sosiego.
Reconforta nuestras vidas con tu paz.

Silencio y Consciencia

Adopta una postura cómoda y atenta... Cierra los ojos y permite que tu cuerpo permanezca relajado... Respira de manera consciente mientras recorres mentalmente cada parte de tu cuerpo. Agradece los servicios que te brindan y envía deseos de salud para que continúen cumpliendo su función vital. Sigue este orden:

Pies – Piernas
Manos – Brazos
Tórax – Abdomen – Cabeza

Toma conciencia de que eres un ser armónico del que fluye el bien y la paz.

Oración
(Inspirada en el Salmo 22)

Mi guía, mi pastor, mi todo:
soy tuyo y seré tuyo para siempre.

Tú, Señor, eres mi pastor,
contigo nada me falta.
Como a un corderillo,
me ofreces descanso en verdes praderas,
me conduces hacia fuentes tranquilas
y allí recobro mis fuerzas.

Me guías por senderos seguros
para que todo me vaya bien.
Aunque camine por paisajes agrestes,
no tengo miedo porque vas a mi lado:
tu mano firme y serena me proporciona seguridad
y tu cayado me guía y me sosiega.

Cuando encuentro dificultades
y la sombra del mal me amenaza,
no me obsesiono, porque todo pasa.
Tú me cuidas como a un cachorrillo
y me llenas de alegría.

Me tratas con especial cuidado
y derrochas bondad y ternura.
Soy tuyo y siempre, y para siempre
te tendré conmigo.

Mi guía, mi pastor, mi todo:
soy tuyo y seré tuyo para siempre.

Lectura de la Palabra

(Mt 11, 28-30)

En aquella ocasión, dijo Jesús: "Venid a mí todos los que estáis fatigados y sobrecargados y yo os daré descanso. Tomad sobre vosotros mi yugo, y aprended de mí, que soy manso y humilde de corazón, y hallaréis descanso para vuestras almas. Porque mi yugo es suave y mi carga ligera".

Meditación

Permanece inmóvil, atendiendo a la respiración. Inspira y espira con plena consciencia.

Deposita toda tu persona en el descanso que Dios te ofrece.

Cuando percibas que te asaltan pensamientos, simplemente vuelve amablemente a la respiración.

Gesto compasivo

Inclina la cabeza y coloca tus manos cruzadas sobre el pecho.
Evoca un momento reciente en el que te hayas visto arrastrado por la preocupación, la ansiedad o el estrés.

Experimenta calma. Imagina que una luz verde te ilumina interiormente y genera en ti calma y sosiego... Repite mentalmente: "paz" ...
Piensa en alguna persona cercana que esté atravesando un intenso período de ansiedad.
Imagina que la luz verde la envuelve, llenándola de calma y sosiego. Piensa en ella mientras repites mentalmente: "paz".

Oración final

Padre maternal,
en tus brazos descanso.

Contigo, en tu regazo, mi vida se serena
y son más llevaderos los días.

A tu lado, mi mente se reanima,
mi corazón desborda de entusiasmo,
mi espíritu despierta y cobra nueva fuerza.

Estar contigo es vivir centrado,
comprometido, consciente y esperando.

Nada ni nadie puede arrebatarme
esa paz que Tú me ofreces.

Quiero vivir despierto,
consciente de tu presencia y de tu amor.

Gracias, buen padre y madre Dios.

28

Somos uno contigo

Nos reconocemos caminando entre el amor y el sufrimiento. Formamos parte de una humanidad en la que esencialmente somos uno; por eso, toda vivencia experimentada por un ser humano importa. Jesús es el paradigma de una vida intensa que comparte esta unidad que somos. Su mensaje está claro: no estamos solos. Dios nos acompaña.

Invocación

En ti, Padre, vivimos, nos movemos y existimos.
Nos llamas a construir un mundo más fraternal.

Silencio y Consciencia

Adopta una postura cómoda y atenta. Cierra los ojos.
Relaja todo tu cuerpo mientras respiras con calma.
Piensa en alguien a quien amas profundamente. Siente la energía amorosa que fluye entre ambos. Dirígele mentalmente tus mejores deseos: "Que tu vida sea plena, que seas muy feliz".
Evoca a alguien conocido que te provoque simpatía. Reconoce el vínculo afectuoso que compartes y repite en tu mente: "Que tu vida sea plena, que seas muy feliz".
Imagina a una persona desconocida y sonríele, reconociendo su humanidad compartida contigo. Deséale en silencio: "Que tu vida sea plena, que seas muy feliz".
Permanece en este estado de paz y bondad.

Oración
(Inspirada en el Salmo 40)

Somos uno, Señor:
uno contigo, uno con todos.

Bienaventurada la persona que vive despierta
porque es sensible y pone todo su empeño
en socorrer al que es víctima del sufrimiento,
al que vive abrumado por la soledad y la tristeza,
al que vive sin esperanza, al que se siente humillado.

Al Señor le encantan las personas compasivas
que entienden que todos somos uno,
que formamos parte de una humanidad fraterna.
Dios es nuestro Padre-Madre, nos inspira el amor
y promueve la compasión y el bien de todos.

Es fácil encontrar personas confundidas
que permiten que la indiferencia y el egoísmo
se instalen en sus vidas y obstaculicen la bondad.
Sus intenciones son desleales, sus palabras falsas
y su inconsciencia les conduce hacia el mal.

En cambio, los que han descubierto el amor
nada temen; practican el derecho y la justicia
y comparten sus bienes con los que menos tienen.
Estas personas saben que aunque la enfermedad
o la muerte les alcancen,
nunca les faltará la paz del buen Dios.

Somos uno, Señor:
uno contigo, uno con todos.

Lectura de la Palabra

(Ef 4, 31-32)

Hermanos, que desaparezca de vosotros toda agresividad, rencor, ira, indignación, injusticia y toda suerte de maldad. Sed bondadosos y compasivos los unos con los otros, y perdonaos mutuamente como Dios os ha amado y perdonado por medio de Cristo Jesús.

Meditación

Con un sentimiento de unidad con todas las personas, toma conciencia de la respiración. Al espirar, repite mentalmente: *Aquí estamos.*

Gesto compasivo

Inclina la cabeza y coloca tus manos cruzadas
sobre el pecho.

La falta de autocontrol es fuente de sufrimiento,
especialmente cuando la ira y la agresividad se adueñan
de nuestra mente y toman las riendas de nuestro
mundo emocional.

Sé consciente de los pensamientos y las actitudes
desconsideradas que en ocasiones sueles adoptar
con tus semejantes. Con frecuencia, son fruto de tus
propias frustraciones... Ten compasión de ti mismo
y de las personas que son víctimas
de tus actitudes y gestos bruscos o agresivos.

Evoca las agresiones presentes en nuestra sociedad:
maltrato infantil... violencia de pareja... acoso
laboral, escolar, familiar... Desea intensamente
su erradicación, para que el respeto, la comprensión
y la fraternidad sean las actitudes que configuren
nuestra sociedad.

Oración final

Padre-Madre:
en tus brazos amorosos nos sentimos uno.

Cada ser humano forma parte del otro
y a todos nos incendia tu amor.

Queremos que la justicia y la equidad
lleguen a todas las personas.

Deseamos que la compasión
nos acerque a los más necesitados.

Anhelamos que nuestro corazón
se ablande y se conmueva
para poder comprendernos,
aceptarnos y querernos fraternalmente.

Que el orgullo no se interponga
en nuestras relaciones.

Que la disculpa, el respeto
y la consideración hacia los demás
sean el vehículo para crecer en el afecto.

Padre-Madre,
somos uno contigo.

29
Estás aquí

Ser consciente es darse cuenta del aquí y el ahora; es tomar conciencia de la propia presencia en este espacio y en este momento concreto. Se trata de la conexión más íntima y precisa con uno mismo. Ser consciente nos permite situarnos en la Gran Presencia, aquí y ahora. Dicho encuentro constituye el culmen de la experiencia contemplativa.

Invocación

Aquí estás, Señor. Tu presencia inunda mi vida.
Aquí estoy, sumergido en la paz de tu silencio.

Silencio y Consciencia

En una postura cómoda y atenta, atiende a tu
respiración. Dios está aquí, en este momento.
Sé consciente de tu presencia en este espacio.
Como si te observaras desde atrás...
observa tu silueta... Repite mentalmente:
"Ahora, aquí estoy". Imagina tu silueta observándola
desde cada lado. Repite: "Ahora, aquí estoy"...
Visualízate de frente: "Ahora, aquí estoy"...
Desde el techo: "Ahora, aquí estoy".
Permanece conectado contigo mismo y con
la presencia divina que te rodea.

Oración
(Inspirada en el Salmo 15)

En mi corazón te busco,
en mi silencio te encuentro,
en tu presencia confío.

Aquí estás, Señor, amándome,
a mi lado, dentro de mí, más allá de mí
velando las entrañas de mi vida.

Eres refugio donde encuentro paz,
eres ternura que me reconforta
eres la fortuna que enriquece mis días.

De nada sirve la ambición humana
ni los ídolos de la modernidad vacía;
Tú eres el sentido de mi vida; en ti confío.

Día y noche intuyo tu presencia
Y me emociono y salto de alegría.
Nada temo sabiéndote a mi lado.

Hoy, mañana y siempre habitarás mi vida,
velarás mi descanso, compartirás mis sueños,
llenarás mi existencia de amor y de sentido.

En mi corazón te busco,
en mi silencio te encuentro,
en tu presencia confío.

Lectura de la Palabra
(1 Pe 1, 13-16)

Hermanos, estad interiormente vigilantes; sed sobrios y poned toda vuestra esperanza en el don que trae el encuentro con Jesucristo. Como hijos obedientes, no os amoldéis a los deseos que teníais antes, cuando estabais en la ignorancia. Por el contrario, sed santos en todo vuestro proceder como es santo el que os ha llamado, pues está escrito: Sed santos, porque yo soy santo.

Meditación

Mantén el sentimiento de saberte presente en este lugar y en este instante. Concéntrate en la respiración. Al espirar, repite mentalmente: *Aquí estás, Señor.*

Gesto compasivo

Inclina la cabeza y coloca tus manos cruzadas
sobre el pecho.
Existir es vivir en el presente, permanecer en este
instante único e irrepetible en el que somos y estamos.
A veces nos sentimos atrapados en el activismo y
consumimos nuestros días de modo inconsciente.
Siente compasión de ti mismo por no vivir aquí
y ahora. Desea que los quehaceres de tu vida diaria
lleven el sello de la consciencia.
Piensa en alguien cercano que tiene dificultades
para vivir en el presente.

Desea que sea libre para disfrutar de lo que la vida
le vaya presentando en cada momento.

Oración final

Estás aquí, Señor, y yo a tu lado,
consciente del amor que me ilumina,
de la vida que fluye y se despliega,
del proceso interior que me transforma
sin que lo adviertan mis pasos extraviados.

Estás aquí, Señor, y yo despierto,
observando el latido de los días,
sensible a sus urgencias y demandas,
dispuesto a compartir con otras manos
proyectos, sueños, penas y alegrías.

Estás aquí, Señor, y tú conmigo,
y yo contigo, solidario con la vida,
dispuesto a recorrerla con sentido,
aceptando el azar, lo inevitable,
modificando lo modificable.

Estás aquí, Señor, y yo escuchando
tu voz serena en silenciosa calma,
embriagado de paz, vacío de mí,
lleno de ti,
sin mí,
contigo.

30

Contigo soy todo

La causa de nuestra infelicidad reside en el modo de aferrarnos a lo que nos rodea. El apego a los objetos, a las acciones, a los resultados y a las personas, es motivo de sufrimiento. Nada es permanente. Cuando aprendemos a no desear y a desprendernos de lo que entorpece el crecimiento, es cuando realmente somos libres.

Invocación

Tú eres mi riqueza. Con todo soy nada.
Contigo soy todo.
Tú eres el tesoro de nuestras vidas.

Silencio y Consciencia

Adopta una postura cómoda y relajada. Cierra los ojos. Atiende a tu respiración. Visualiza una persona querida ¿Por qué es importante para ti?... Date cuenta de que, aunque forma parte de tu historia, ella tiene su propia vida, su propia historia. Puedes vivir sin ella... de hecho, todos nos despedimos de personas significativas... La vida continúa... Deja que esa persona sea como es... agradece su presencia en tu vida y permite que se vaya... quédate... sin nada ni nadie. No olvides que eres el protagonista de tu propia historia. Dios está contigo; solo Él basta.
Permanece en ese estado durante unos minutos.

Oración

(Inspirada en el Salmo 79)

Quiero despertar y conocerte,
descubrir el tesoro de tenerte.

Señor, eres un pastor bueno
que nos conoce y nos comprende personalmente
a cada uno.
Renueva nuestro corazón y nuestro ánimo,
contágianos tu sabiduría,
despierta nuestro espíritu aletargado.

Renuévanos por dentro.

Ayúdanos a comprender lo esencial de la vida
para no perder el tiempo en esfuerzos inútiles,
en lamentos y problemas que nos confunden,
en batallas que no merecen la pena.

Hay quienes se burlan de nuestra búsqueda:
no conciben que Tú eres nuestro tesoro;
que eres una vid fecunda cuyas raíces
arraigan en lo profundo del ser humano.
No permitas que destruyan la viña que plantaste.

Tú, caminas, Señor, a nuestro paso,
nos muestras el sendero de la vida sencilla,
nos impulsas al desprendimiento y al desapego,
valoras y promueves la esencia de cada persona.
Danos tu fuerza para que nada ni nadie
nos desaliente.

Quiero despertar y conocerte,
descubrir el tesoro de tenerte.

Lectura de la Palabra

(Mt 13, 45-46)

En aquella ocasión dijo Jesús esta parábola: "El Reino de los Cielos se parece a un mercader que anda buscando perlas finas, y que al encontrar una perla de gran valor va, vende todo lo que tiene y la compra".

Meditación

Despierta el sentimiento de saberte presente en este lugar y en este instante. Concéntrate en la respiración. Al espirar, repite mentalmente: *Solo Tú, Señor.*

Gesto compasivo

Inclina la cabeza y coloca tus manos cruzadas sobre el pecho.

Toma conciencia de tus apegos, de esas dependencias que te impiden ser libre para encontrar y disfrutar de los mejores tesoros de la vida.

Eres digno de compasión... Desea vivir enamorado de la vida, sin dependencias ni apegos.

Trae a la mente a alguna persona que conoces y que sabes que necesita ser liberado de sus dependencias. Desea que pueda soltar aquello que le ata, lo que le impide ser él mismo.

Oración final

Nada es comparable a vivir en tu presencia.
A tu lado encontramos el tesoro
que no se destruye,
la perla más valiosa de la vida,
la herencia inagotable
que todo lo asegura.

Queremos desprendernos de lo pasajero,
deshacernos de la bisutería,
liberarnos de lo que nos domina.
acabar con los condicionamientos
que nos lastran, nos limitan y encadenan.

No queremos adherirnos a nada
que no seas Tú.
No podemos esperar nada
que no provenga de ti.

No necesitamos encontrar nada
que no lleve tu relato.

Porque solo en ti encontramos la libertad
que nos permite ser libres.

31
En tu quietud

Peregrinar por el camino espiritual supone atravesar desiertos. Los tiempos de sequía, de desorientación, de pesadumbre y vacío son los que originan dos encuentros significativos del ser humano: el encuentro con la esencia de uno mismo y el encuentro y la unión con el Misterio en el que somos y existimos. Para llegar al oasis, necesitamos atravesar el desierto.

Invocación

Señor,
nos conduces por los desiertos de la vida.
En ti encontramos la luz, la paz y el equilibrio.
Eres el oasis de nuestra existencia.

Silencio y Consciencia

Adopta una postura relajada y atenta. Cierra los ojos.
Relaja todo tu cuerpo...
Imagina que te encuentras solo en el desierto...No hay más que arena en el cielo azul... Siente la brisa, que todo lo arrastra... se lleva tus ansiedades... En cada espiración te sientes más libre de inquietudes y preocupaciones...
Esta brisa, que todo lo limpia, se lleva tus miedos...
te sientes más seguro porque no temes nada...
La brisa, que todo lo sana, se lleva tus complejos...
tus deseos de demostrar lo que vales... tu "ego"...
Sólo estás tú, la arena y el cielo...

Oración
(Inspirada en el Salmo 28)

En tu silencio encontramos plenitud;
en tu palabra, fuerza para el camino.

Hijos de Dios, cantemos al Señor:
Su presencia enriquece nuestro destino
y convierte la vida en terreno sagrado.

Por encima de la Naturaleza,
de las aguas torrenciales, de las nubes tenebrosas,
su magnífica voz lo cubre todo;
nos llega a todos.

El encuentro con el Señor alegra la vida:
resuenan los robles, florecen las praderas
y todos los animales saltan de alegría.

El Señor nos hace atravesar el desierto,
sacude las seguridades y nos impulsa al crecimiento.
Como fuego purificador, acrisola nuestro espíritu.

En su palabra sentimos la fuerza para el camino;
en su silencio nos encontramos
y nos sentimos llenos.

Señor, Tú eres nuestra fortuna:
¡bendícenos con tu paz!

En tu silencio encontramos plenitud;
en tu palabra, fuerza para el camino.

Lectura de la Palabra

(Is 35, 1-7)

Que se alegre el desierto, tierra seca; que se llene de alegría, que produzca flores como el narciso y el lirio, que se llene de gozo y alegría. Dios lo va a hacer tan bello como el Líbano, tan fértil como los mejores valles. Todos verán la gloria del Señor. Fortaleced a los débiles, dad valor a los cansados, decid a los tímidos: "¡Ánimo, no temáis, aquí está Dios para salvaros!". *Se despegarán los ojos de los ciegos, los oídos de los sordos se abrirán, los lisiados saltarán como venados y los mudos cantarán. En el desierto, tierra seca y hostil, brotará el agua a torrentes. El desierto será un lago, la tierra seca se llenará de manantiales.*

Meditación

Permanece inmóvil, prestando atención a la respiración. Abandónate en la paz y el amor que Dios te ofrece. Cuando te sorprendas distraído, vuelve amablemente a la respiración.

Gesto compasivo

Inclina la cabeza y coloca tus manos cruzadas sobre el pecho. En el silencio encontramos la esencia de lo que somos. Ten compasión de ti cuando buscas excusas para eludir tiempos de meditación. Compadécete de nuestra sociedad sumergida en el ruido y la prisa. Desea que las personas valoren el silencio y la interioridad; que encuentren maestros espirituales que les ayuden a dar sentido a sus vidas. Trae a la mente a una persona conocida que necesita poner paz en su vida.

Oración final

Sabemos, Señor,
que el silencio es tiempo de quietud,
de soledad y de descubrimiento;
que en la aridez del silencio
encontramos la vida fértil
que enriquece nuestro ser
y orienta nuestros pasos.

Que en la soledad del silencio
purificas, liberas
y permites que emerja en nosotros
lo esencial, lo auténtico,
aquello que somos.

Gracias
porque no hay nada semejante
a la experiencia de franquear
el desierto en el silencio de tu compañía.

Gracias
porque nos acompañas,
de manera imperceptible pero constante,
en esta travesía aventurera
en busca de la plenitud de tu presencia.

32 Corazón compasivo

Vivimos sujetos a la realidad de lo finito: al sufrimiento, a la enfermedad y a la muerte. Nos hermanan los límites. Necesitamos ser conscientes de nuestra vulnerabilidad y aceptar estas sombras. Practicar la atención amorosa nos ayudará a ser compasivos con nuestro sufrimiento y el sufrimiento de nuestros semejantes. Es la actitud esencial capaz de activar los recursos necesarios para aliviar tanta desventura.

Invocación

Señor, nos sentimos débiles, frágiles e indefensos.
Queremos ser misericordiosos.
Muéstranos el camino de la compasión.

Silencio y Consciencia

Adopta una postura relajada y atenta. Cierra los ojos. Presta atención a tu respiración. Evoca una situación personal que te produce sufrimiento... algo no resuelto, algún temor, complejo... Lleva las manos al corazón... realiza varias respiraciones lentas y profundas. Toma conciencia de tu sufrimiento. Advierte qué va apareciendo de las emociones. Repite interiormente: "Soy digno de cariño, comprensión y aceptación". Permanece en silencio durante unos momentos. Date un abrazo cariñoso. Dios, compasivo y misericordioso, también te abraza.

Oración
(Inspirada en el Salmo 85)

Tu amor nos hace, amables, bondadosos
compasivos y misericordiosos.

Señor, a ti acudo cada jornada
porque eres el único que puede alegrar mi alma;
Tú rebosas amor y compasión.

Cuando me siento angustiado te llamo
y Tú me acoges, me escuchas; me reconfortas.
No hay nada comparable a permanecer a tu lado.

No quiero que el ego y la soberbia
me hagan creer que soy superior a mis semejantes;
no quiero que me domine la insolencia.

Enséñame a ser clemente y bondadoso,
sensible, tierno y compasivo
para poder comprender, perdonar y amar.

Quiero ser amable, atento, cordial y compasivo
y amar de corazón como amas Tú,
Señor Dios, lleno de bondad y compasión.

Tu amor nos hace, amables, bondadosos
compasivos y misericordiosos.

Lectura de la Palabra
(Lc 6, 36-38)

En aquella ocasión dijo Jesús a sus discípulos: "Sed compasivos como vuestro Padre es compasivo; no juzguéis y no seréis juzgados; no condenéis y no seréis condenados; perdonad y seréis perdonados; dad y se os dará: os verterán una medida generosa, colmada, remecida, rebosante. La medida que uséis, la usarán con vosotros".

Meditación

Toma conciencia de la respiración. Date cuenta de que estás ante el Señor que te ama incondicionalmente. Al espirar, repite mentalmente la palabra:

Compasión.

Gesto compasivo

Inclina la cabeza y coloca tus manos cruzadas
sobre el pecho.
Desea ardientemente que la sociedad en la
que vivimos sea compasiva; que los seres humanos
que la integramos pongamos remedio a tanta
injusticia, que dejemos de afanarnos por nuestros
propios intereses, que aprendamos a empatizar
con los sentimientos de los demás; que,
por encima de todo, multipliquemos el amor,
el bien y la justicia, especialmente entre
los más vulnerables.

Oración final

Padre bueno:
Queremos ser compasivos con todas las criaturas.
Como Tú, igual que Tú,
Padre amoroso y compasivo.

Queremos ser sensibles al dolor de nuestros hermanos.
Como Tú, igual que Tú,
Padre amoroso y compasivo.

Deseamos trabajar por una sociedad más justa y fraterna.
Como Tú, igual que Tú,
Padre amoroso y compasivo.

Queremos ser conscientes y velar por las causas de los pobres y excluidos.
Como Tú, igual que Tú,
Padre amoroso y compasivo.

Deseamos alegrar a los tristes, a los deprimidos y desesperados.
Como Tú, igual que Tú,
Padre amoroso y compasivo.

Queremos perdonarnos, comprendernos, aceptarnos y amarnos.
Como Tú, igual que Tú,
Padre amoroso y compasivo.

33

Portador de esperanza

(Adviento)

Maranatha, "El Señor viene", era la expresión de saludo de los primeros cristianos. También nosotros afirmamos la anunciada irrupción del Señor en nuestras vidas. Es precisamente en Adviento cuando adquirimos mayor conciencia de esta realidad: el Dios dinámico que viene, que llega, que está llegando, que ya está entre nosotros.

Invocación

¡Ven, Señor! Necesitamos vivir en tu presencia.
¡Maranatha! Eres la esperanza de nuestras vidas.

Silencio y consciencia

Cierra los ojos y relaja todo tu cuerpo...
Enfoca tu atención en la respiración...
Imagina olas en la playa... van y vienen.
Son portadoras de intenciones.
Una gran ola lleva consigo paz... Estalla en la orilla
e inunda la Tierra de serenidad.
Otra ola llega y trae compasión... se despliega sobre
la arena y baña los corazones que la necesitan.
Una nueva ola, llega rebosante de amor... se extiende
sobre la playa y sus aguas la impregnan de ternura.
Permanece en este estado de bondad.

Oración
(Inspirada en Salmo 24)

Tú eres el camino de mi vida; Tú eres mi esperanza.

Dios mío, me presento ante ti, en ti confío.
A tu lado no me siento defraudado
ni me importa que se rían de mí
los que no me quieren.

Porque los que esperamos en Ti
y confiamos en tu presencia
sabemos que el fracaso
no está en tus planes.

Muéstrame tus caminos,
¿cuáles son tus senderos?
Quiero caminar por ellos,
hacer el bien a mis hermanos
con una vida sencilla y sincera.

Confío plenamente en Ti
Porque tu Palabra me da aliento,
porque Tú nunca me defraudas.
Tu ternura y tu misericordia son infinitas:
eres bueno, olvidas nuestras debilidades,
no tienes en cuenta las malicias.

Cuando la torpeza y el error me acompañen,
ayúdame a rectificar mis pasos.
Quiero que me enseñes
a caminar por tus senderos
porque a tu lado siempre brota el bien.

Tú eres el camino de mi vida; Tú eres mi esperanza.

Lectura de la Palabra

(Rm 13, 11-13)

Conocéis el tiempo que nos ha tocado vivir; ya es hora de despertar del sueño, porque la salvación está más cerca de nosotros que cuando abrazamos la fe. La noche está avanzada y el día se acerca: despojémonos de las obras de las tinieblas y revistámonos de las armas de la luz. Portémonos con dignidad como quien vive en pleno día.

Meditación

Inspira y, al espirar di mentalmente:
Maranatha.

Gesto compasivo

Inclina la cabeza y coloca tus manos cruzadas sobre el pecho.
Dirige tu atención hacia las personas que viven con escasa o nula esperanza de que su vida pueda mejorar.
Las situaciones, los condicionamientos de la vida les han llevado a adoptar posturas que seguramente no son las más adecuadas. No es fácil encontrar soluciones adecuadas a sus problemas.
Si conoces a alguna de ellas, evoca su rostro...
Desea vehementemente que la esperanza ilumine su corazón para que recupere el impulso para salir adelante y la ilusión por la vida.

Oración final

¡Maranatha!
¡Ven, Señor, Jesús!

Gracias porque tu presencia
es una constante y renovada llegada
que nos hace vivir en permanente esperanza.

Eres el amanecer que tanto anhelamos,
el agua que sacia la sequía y la aridez de la vida,
la brisa que alivia agobios y tristezas,
la playa que acoge nuestras tormentas y naufragios.

Solo en tu presencia confiamos.

Sabemos que siempre llegas;
no importa cuándo, cómo ni dónde,
estás llegando siempre.

Esa espera colma nuestro deseo de plenitud.

¡Maranatha!
¡Ven, Señor, Jesús!

34
En camino
(Adviento)

A veces caminamos confundidos y agotados, buscando, como si fuera el fin último, colinas de escasa altura. Merece la pena darse cuenta de que la gran cima está más allá de los horizontes que abarcan nuestros sentidos. Merece la pena ser conscientes de que en el camino está la meta, la esperanza que colma nuestro deseo de plenitud.

Invocación

Señor, caminamos a tu encuentro, ¡Maranatha!
Eres el horizonte de nuestras vidas, ¡Maranatha!

Silencio y Consciencia

Cierra los ojos... Relaja todo tu cuerpo.
Coloca tus manos sobre los muslos.
Nota las palpitaciones que hacen vibrar todo
tu cuerpo... Observa tu respiración... y prolonga
la espiración con serenidad... Cada vez que
un pensamiento irrumpa en tu mente vuelve
a centrar la atención en tu respiración.
En cada inhalación, repite interiormente: "Recibo paz
y amor"... y en cada exhalación: "Entrego paz y amor".
Permanece en la presencia de Dios durante
unos minutos.

Oración

Señor, sales a nuestro encuentro
y colmas de sentido nuestras vidas.

Estamos en camino, Señor; siempre en camino.
Somos nómadas que surcan los vientos de la vida
tratando de saciar nuestra esperanza,
nuestra sed de infinito,
poque solo Tú sanas y das sentido a las heridas.

Te esperamos como la noche aguarda la alborada
como la tierra anhela la escarcha matutina,
como el árbol demanda la luz de cada día
o como el mar exige bonanza en la tormenta.

Sabemos que estás cerca, Señor, casi a las puertas;
rozas la piel y agitas el aire cuando pasas;
llegas a lo profundo de nuestro ser y nos alcanzas,
empapando la vida de amor y de esperanza.

Te esperamos sabiendo que vas
por nuestras sendas,
que sales al encuentro,
que aguardas nuestro abrazo.

Ven pronto,
porque el tiempo dilata nuestros pasos
y nos duele tu ausencia al sentirnos
perdidos y alejados.

Señor, sales a nuestro encuentro
y colmas de sentido nuestras vidas.

Lectura de la Palabra

(Mt 3, 1-3)

En aquellos días apareció Juan el Bautista predicando en el desierto de Judea. Decía: "Arrepentíos, porque está llegando el reino de los cielos". A él se refería el profeta Isaías cuando dijo: "Voz que clama en el desierto: Preparad el camino al Señor, allanad sus senderos".

Meditación

Inspira, y al espirar di mentalmente:

Maranatha.

Gesto compasivo

Inclina la cabeza y coloca tus manos cruzadas sobre el pecho.

En mayor o menor medida todos vivimos cautivos de diferentes circunstancias o experiencias que nos ha deparado la vida. Identifica los barrotes de tu prisión que te impiden desarrollarte en plenitud.

Evoca a las personas que viven privadas de libertad y se encuentran en la cárcel. Tal vez conoces a algún recluso; si es así, recuerda su rostro. Siente compasión por él; compadécete de la situación que está experimentando... Desea intensamente que, en ausencia de libertad, sepa llevar una existencia equilibrada y no pierda la esperanza ni la capacidad de superación.

Oración final

Caminamos, Señor, en medio del desierto
de nuestras dudas y desesperanzas
por senderos que a veces nos conducen
a encrucijadas tortuosas y equivocadas.

Con frecuencia nos encontramos
aprisionados por nuestros errores
y condicionamientos.

Pero Tú sales siempre al encuentro
para alentar nuestros pasos
y para iluminar y clarificar nuestra mirada.

Queremos salvar los obstáculos
que surjan en los vaivenes de la vida diaria.

Queremos caminar siempre a tu lado
y hacer de nuestros pasos
una existencia sana y luminosa.

35
Vivir y esperar
(Adviento)

Nos sentimos abrumados ante tanto mal que se despliega en la humanidad. Nuestras convicciones y anhelos se tambalean cuando el dolor y la tragedia se precipitan a nuestro alrededor. Por eso clamamos, desde lo más íntimo de nuestro ser, al Dios de la Vida, aun a sabiendas de que gran parte de las soluciones están en nuestras manos.

Invocación

Señor, escucha nuestra llamada: ¡Maranatha!
Confiamos en tu palabra: ¡Maranatha!

Silencio y Consciencia

Adopta una postura atenta y relajada.
Cierra los ojos y relaja los hombros, los brazos...
los músculos del rostro... todo tu cuerpo.
Observa tu respiración... Con cada espiración
vas sintiéndote más sereno y relajado.
Trae a tu mente el dolor de la humanidad a la que
perteneces y preséntalo en este clima de oración.
Simplemente permanece en este silencio en el que se
expresa la compasión de Dios.
Atiende a la respiración, tomando conciencia de tu
presencia, aquí y ahora, en medio de tanto sufrimiento.

Oración
(Inspirada en Salmo 45)

Dios de la Vida, desde el amanecer hasta el ocaso,
tu presencia nos llena de alegría.

Señor, Tú eres nuestro amparo y nuestra fortaleza
en los tiempos difíciles y en las tribulaciones.
Por eso, no tenemos miedo aunque tiemble la tierra.

Aunque los montes se desplomen en el mar;
aunque hiervan y bramen las olas,
aunque los montes se agiten con furia.

Tú, Señor, estás con nosotros y nos reconstruyes.
Eres como el remanso de los ríos en las montañas,
como las acequias que riegan las huertas.

Sentimos que Tú, Señor, nos cuidas y nos proteges.
Te estamos agradecidos desde el amanecer
hasta que llega el ocaso
y nuestros cuerpos descansan.

Nadie puede arrebatarnos tanta alegría.
Nadie puede enturbiar con amargura nuestro gozo.
Estamos encantados en tu presencia, Dios de la Vida.

Nos sentimos envueltos en tus maravillas.
Notamos tu cercanía en lo más íntimo
y nuestra vida rebosa confianza y júbilo.

Dios de la Vida, desde el amanecer hasta el ocaso,
tu presencia nos llena de alegría.

Lectura de la Palabra

(Mt 11, 2-6)

Juan envió a sus discípulos a preguntar a Jesús: "¿Eres tú el que tenía que venir o hemos de esperar a otro?". Jesús les respondió: "Id y contad lo que estáis viendo: los ciegos ven, los cojos andan, los leprosos quedan limpios, los sordos oyen, los muertos resucitan y a los pobres se les anuncia la buena noticia".

Meditación

Inspira, y al espirar di mentalmente:
Maranatha.

Gesto compasivo

Inclina la cabeza y coloca tus manos cruzadas
sobre el pecho.
El peso de tanta tragedia nos abruma. La sensación
de incapacidad para aliviar tanto dolor nos
paraliza. Siente esta sensación de impotencia ante
el sufrimiento de la humanidad.
Evoca a alguna persona conocida que haya
experimentado dolor de una manera trágica:
un accidente, un suicidio, una muerte violenta...
Imagina que una luz azulada la envuelve
y la inunda de amor.
Que esta luz sea bálsamo para encontrar paz
y sanación. Que a través de tu amor compasivo
pueda sentir que no está sola.

Oración final

Jesús de Nazaret, que promueves la concordia;
queremos que los conflictos entre las naciones
deriven hacia una paz duradera.

Te esperamos, Señor.

Jesús de Nazaret,
que reivindicas la dignidad de todo ser humano;
necesitamos coraje para erradicar la pobreza
y las diferencias entre las personas.

Te esperamos, Señor.

Jesús de Nazaret
que inspiras el bien en cada persona;
deseamos que la justicia y la honestidad
sean un constante en la sociedad actual.

Te esperamos, Señor.

Jesús de Nazaret,
que enriqueces la vida con tu amor;
queremos amar sin prejuicios y trabajar
por una sociedad más solidaria.

Te esperamos, Señor.

Jesús de Nazaret,
que inspiras misericordia;
necesitamos ser compasivos con quienes sufren
las penas y miserias de la vida.

Te esperamos, Señor.

36

Una inmensa alegría

(Adviento)

En ocasiones la vida nos regala vivencias en las que experimentamos alegría. Es bueno recordar que todo pasa; sí, también la alegría es un sentimiento efímero. Solo permanece el gozo que brota del interior, esa experiencia divina que nada ni nadie puede arrebatarnos.

Invocación

Señor, escucha nuestra llamada: ¡Maranatha!
Tú eres la alegría de nuestras vidas: ¡Maranatha!

Silencio y Consciencia

Cierra los ojos y adopta una postura relajada
y atenta. Respira con calma... Colca las manos
sobre el pecho. Date cuenta de la vida que
se expresa a través de tu cuerpo. Eres un ser
exclusivo, original, lleno de vida y amor.
Evoca a una persona alegre. Es un ser único
que contagia su alegría. Deséale todo lo mejor.
Piensa en alguien de tu entorno social o laboral...
También es una persona única. Deséale alegría y
bienestar. Trae a tu mente a una persona desconocida.
Es una persona única. Deséale que sea feliz.
Dios está en la alegría de todas las personas.

Oración
(Inspirada en el Salmo 145)

Deseamos crecer en tu presencia.

Que todo mi ser te esté siempre agradecido,
que mi vida entera sea alabanza a tu bondad.
Cantaré de alegría y me uniré a los músicos
para decirte: ¡Qué delicia es estar contigo!

Tú, Señor, eres leal y fiel hasta el extremo.
Estás cerca de los que sufren
y suspiras para que la justicia y el derecho
prevalezcan entre los seres humanos.

Deseas la libertad para los oprimidos,
que los cegados por el orgullo
recobren la vista
y que los que caminan por sendas torcidas
encuentren la alegría de optar por la justicia.

Tú alientas al que hace el bien,
le colmas de alegría
y de recursos para la vida.
Proteges al peregrino que te busca
y consuelas al triste y al desvalido.

Es imposible no agradecer tu cercanía
no regocijarse con quienes viven a tu lado,
porque tú eres manantial de gozo
y de fortuna
y junto a ti la vida estalla de alegría.

Deseamos crecer en tu presencia.

Lectura de la Palabra

(Lc 1, 39-45)

En aquellos mismos días, María se levantó y se puso en camino de prisa hacia la montaña, a una ciudad de Judá; entró en casa de Zacarías y saludó a Isabel. Aconteció que, en cuanto Isabel oyó el saludo de María, saltó la criatura en su vientre. Se llenó Isabel de Espíritu Santo y, levantando la voz, exclamó: "¡Bendita tú entre las mujeres y bendito el fruto de tu vientre! ¿Quién soy yo para que me visite la madre de mi Señor? Pues, en cuanto tu saludo llegó a mis oídos, la criatura saltó de alegría en mi vientre. Bienaventurada la que ha creído, porque lo que le ha dicho el Señor se cumplirá".

Meditación

Inspira, y al espirar di mentalmente:
Maranatha.

Gesto compasivo

Inclina la cabeza y coloca tus manos cruzadas sobre el pecho.
Los niños encarnan la alegría. Recuerda tu infancia... tu sonrisa era la expresión habitual de tu rostro.
Visualiza imágenes de niños con miradas tristes, afectados por la pobreza o la guerra. Deja que afloren sentimientos compasivos y anhela fervientemente que los seres humanos modifiquemos sus condiciones de vida. Así, los niños y niñas de todo el mundo podrán disfrutar se una infancia feliz y crecer en un entorno seguro y armonioso.

Oración final

Dios Padre bueno:
Te bendecimos emocionados,
como lo hizo Isabel al recibir a María.

Te bendecimos
porque, en momentos de necesidad,
nos infundes esperanza,
nos animas a mantener nuestra fe,
y a confiar en ti, en tu amor, en la vida.

Que nunca nos abandone la alegría,
la que nace de ti
del fondo de nuestro ser donde te ocultas.

Que descubramos el milagroso gozo
de sabernos amados,
protegidos por ti

Dios del amor, Señor de la alegría,
seremos mensajeros de paz, de amor y de bondad
portadores de luz y de esperanza
porque contigo el mar de la existencia
es ponerse en tus manos cada día
y contagiar de bendición la vida.

37

Irrumpe la Vida
(Navidad)

Adornos deslumbrantes, envoltorios de celofán y melodías facilonas en torno a estas fechas navideñas colonizan el sueño de una felicidad sin límites. El ser humano tiene apetencia insaciable de infinito, de una dicha que es imposible alcanzar. Con la llegada del Verbo, irrumpe la Vida en la que todo deseo queda saciado.

Invocación

Señor, Tú eres el Amor que restaura el mundo.
Te haces como nosotros,
tus sueños son nuestros sueños y nos llenas de gozo.

Silencio y Consciencia

Adopta una postura atenta y relajada.
Cierra los ojos... Relaja la frente... el rostro... los hombros...
Observa tu respiración... procura que la espiración se vaya prolongando.
Coloca las manos abiertas a la altura del pecho, como si fueran un recipiente abierto. Mantén los brazos relajados y pegados al cuerpo.
Has sido depositario de un maravilloso regalo: la ternura de Dios está en ti.
Sigue atento a la respiración.

Oración

Con tu presencia, Dios con nosotros,
el amor nos redime y somos más humanos.

Es Navidad,
renace la Vida en nuestras vidas.

Es Navidad
y anida la esperanza entre las sombras.

Es Navidad;
sabemos que estás cerca, a nuestro lado,
más cerca de lo que pensamos.

Llegas, irrumpe la alegría,
desatas un huracán de dicha,
generas un diluvio de ternura,
provocas un incendio
de compasión y solidaridad
en los seis puntos cardinales
del asombrado corazón humano.

Hoy, Señor de la vida y de la Historia,
es Navidad:
Dios, Tú con nosotros.

El misterioso milagro de encontrarte,
De saber que con tu paz nada es en vano.

Todo es milagro con tu presencia,
el mundo cobra paz y vida
y el amor nos hace más humanos.

Con tu presencia, Dios con nosotros,
el amor nos redime y somos más humanos.

Lectura de la Palabra

(Jn 1, 1-5)

En el principio existía el Verbo, y el Verbo estaba junto a Dios, y el Verbo era Dios. Él estaba en el principio junto a Dios. Por medio de él se hizo todo, y sin él no se hizo nada de cuanto se ha hecho. En él estaba la vida, y la vida era la luz de los hombres. Y la luz brilla en la tiniebla, y la tiniebla no lo recibió.

Meditación

Inspira, y al espirar di mentalmente:

Jesús.

Gesto compasivo

Inclina la cabeza y coloca tus manos cruzadas
sobre el pecho.
Recuerda el bullicio de las zonas comerciales en
Navidad. Visualiza la multitud buscando regalos, los
llamativos escaparates y la exuberancia de productos.
Piensa en el derroche consumista que se produce en
esta época del año... Obsérvate sumergido en esa
vorágine...
Evoca a una familia inmigrante y que vive en
condiciones penosas... La indiferencia ante el dolor
de cualquier ser humano es la antítesis del espíritu
de la Navidad. Deja que se desaten en tu interior
sentimientos compasivos hacia ti, que te dejas
arrastrar por el consumismo y, sobre todo,
hacia quienes carecen de lo básico para vivir.
Que la compasión haga de ti una persona
generosamente solidaria.

Oración final

Señor, Dios con nosotros:
Cada Navidad evocamos
tu llegada a nuestro mundo-Tierra,
y contemplamos con callado asombro
cómo irrumpe el amor en nuestras vidas.

En cada Navidad proclamamos
que tu peregrinaje entre los seres humanos
no solo trae consuelo y esperanza
sino que restaura la bondad y la compasión
en nuestros corazones.

En cada Navidad, Dios con nosotros,
confirmamos que la fraternidad,
la bondad, el amor y la justicia
no son inalcanzables sueños,
sino semillas de revoluciones
capaces de irrumpir en nuestras vidas
y transformar la sociedad
y el curso de la historia.

Tú, peregrino audaz,
viniste y te quedaste.
Estás aquí,
compartes nuestros sueños,
caminas con nosotros
nos guías con tu luz,
eres Dios con nosotros.

38

Todo está en ti

(Navidad)

Como un nuevo amanecer en el que todo renace, acogemos el gran misterio de amor que acompaña cada momento de nuestra existencia. Es el misterio que lo envuelve todo y que es expresión de la ternura de Dios hacia los seres humanos. Con Jesús, la presencia de Dios entre los hombres se hace realidad, verdad y vida: Dios está con nosotros.

Invocación

Eres vendaval de amor que irrumpe en nuestro mundo.
Multiplica la paz entre nosotros y cólmanos de gozo.

Silencio y Consciencia

Adopta una postura atenta. Cierra los ojos. Dirige
tu atención hacia el diafragma y observa cómo
se desplaza en cada respiración.
Toma conciencia de lo que te toca vivir este momento,
en estas fechas concretas, en estas navidades.
Así como el niño de Belén, tu vida es un regalo para
los demás. Dios te bendice y te impulsa para que seas
Buena Noticia para los que te rodean.
Déjate bendecir y simplemente, céntrate en
la respiración y disfruta descansando en esta
presencia divina.

Oración

Dios nace en el corazón del mundo
y renace la creación, la vida y la esperanza.

Contigo, Señor lo tenemos todo.

¿Qué más podemos desear?
Eres regalo que sacia los deseos,
destello de diamante en nuestras vidas,
tesoro que jamás se agota.

Contigo, Señor, lo tenemos todo.

¿Qué más podemos desear?
Eres amanecer que enciende cada día,
sol que ilumina y colorea la vida,
atardecer sereno al fin de la jornada.

Contigo, Señor lo tenemos todo.

¿Qué más podemos desear?
Eres alegría que nunca se apaga,
motivo de bondad entre los hombres,
presencia y paz que todo lo sosiega.

Contigo, Señor lo tenemos todo.

¿Qué más podemos desear?
Eres esperanza para el ser humano,
Navidad de lo eterno y de lo nuevo,
la dicha indescriptible que jamás se extingue.

Dios nace en el corazón del mundo
y renace la creación, la vida y la esperanza.

Lectura de la Palabra

(Is 60, 1-3)

¡Levántate Jerusalén, envuelta en resplandor, porque ha llegado tu luz y la gloria del Señor amanece sobre ti! Las tinieblas cubren la tierra y la oscuridad sobre los pueblos. Pero sobre ti amanecerá el Señor, y su gloria aparece sobre ti. Caminarán los pueblos a tu luz, y los reyes al resplandor de tu aurora.

Meditación

Inspira, y al espirar di mentalmente:
Jesús.

Gesto compasivo

Inclina la cabeza y coloca tus manos cruzadas sobre el pecho.
Visualiza un hermoso amanecer... el sol calienta el planeta Tierra, iluminando y llenando de vida y color cuanto existe. Los seres humanos sentimos que nuestro corazón se enciende; nos embarga una gran dicha: el misterio de Dios llena de luz y de presencia todos los rincones del mundo.
La vida en la Tierra es digna de compasión.
Muchas personas sufren en estas fechas de Navidad... se sienten atrapadas en los recuerdos de los que ya no están... su luz está casi apagada en la tristeza... les falta esperanza.
Trae a la mente alguna de estas personas.
Desea que brille en ella la Luz y la alegría.

Oración final

Señor:

Cada Navidad,
naces en nuestras vidas
y nos colmas de alegría y entusiasmo.

Cada Navidad,
nos llenas de confianza
y admiramos tu presencia
como el mejor regalo.

Cada Navidad,
impulsas nuestra dicha
hacia la solidaridad, la compasión y la ternura
entre todos los seres humanos.

Cada Navidad,
desvelas las puertas del Misterio
y sentimos que en la consciencia
y en la paz interior
te encontramos y descansamos.

39

No busquéis estrellas

(Epifanía)

Tenemos que ser prudentes para no rastrear estrellas fugaces que se desvanecen en un suspiro, ni perseguir cometas de destino impredecible o inalcanzable. Los niños, y quienes son como ellos, son auténticos maestros del presente: observan y admiran el regalo de la vida y dejan que su corazón bueno y generoso desborde de alegría.

Invocación

Señor, eres la luz que irrumpe en nuestras vidas.
Tú habitas en lo más íntimo del ser humano
y nuestro corazón desborda de alegría.

Silencio y Consciencia

Adopta una postura cómoda y atenta. Cierra los ojos. Relaja todo tu cuerpo.
Atiende a tu respiración tranquila y consciente.
Visualiza el recuerdo de tu infancia en una noche de Reyes. Evoca la emoción que sentías esperando los regalos... Recuerda los rostros ilusionados de las personas que te acompañaban... su cariño... la emoción que a todos os embargaba.
Permanece en este estado en el que tanto ayer como ahora Dios siempre está presente.

Oración

Seguimos tu estrella en esta noche oscura
porque solo tu luz puede alumbrarnos.

Te acercas a nosotros, Señor, y hacia ti vamos.
Escuchamos el clamor de los desamparados
que llaman a las puertas del olvido.
Vagan cansados, hambrientos, asustados
por caminos hostiles de explotación y engaño.
Llegan vacíos, dejando atrás paisajes, amistad, abrazos.
Son hermanas y hermanos solos, abandonados.
Queremos ser su estrella, tu estrella, en una noche
en la que solo tu luz puede alumbrarnos.

Nos buscan, Señor, y en ellos te encontramos.
Sentimos su dolor, sus penas, su tristeza.
No tienen voz, se sienten ignorados
entre tanto egoísmo, arrogancia y despilfarro.
Son frágiles, desean encontrarte
Recobrar su dignidad de humanos.
Son tuyos, son nuestros, son hermanas y hermanos.
Queremos ser su estrella, tu estrella, en una noche
en la que solo tu luz puede alumbrarnos.

Tú nos guías, Señor, en ti confiamos.
Ayúdanos a hacer de nuestros sueños
un compromiso con los desheredados.
Tú, como ellos, Señor, fuiste emigrante,
irrumpiste en la vida pobre y desamparado.
Tú los comprendes, los amas con amor sin fronteras.
Son tuyos, son nuestros, son hermanas y hermanos.
Queremos ser su estrella, tu estrella, en una noche
en la que solo el amor puede salvarnos.

Seguimos tu estrella en esta noche oscura...

Lectura de la Palabra

(Mt 2. 1-2; 9-11)

Unos magos que venían del Oriente se presentaron en Jerusalén diciendo: "¿Dónde está el Rey de los judíos que ha nacido? Pues vimos su estrella y hemos venido a adorarle". (...) La estrella iba delante de ellos, hasta que se detuvo encima del lugar donde estaba el niño. Entonces se llenaron de inmensa alegría. Entraron en la casa; vieron al niño con María su madre y, postrándose, le adoraron. Luego abrieron sus cofres y le ofrecieron dones de oro, incienso y mirra.

Meditación

Inspira, y al espirar di mentalmente:
Gracias.

Gesto compasivo

Inclina la cabeza y coloca tus manos cruzadas sobre el pecho.
Obsérvate rodeado de objetos, recuerdos, libros, ropa... Seguramente son una acumulación excesiva que, como todo apego, te quitan libertad.
Trae a la mente a los niños que tienes cerca.
Son hijos de una sociedad acomodada que les enfunda en la acumulación desordenada de lo innecesario.
Siente compasión por ellos y por ti, que estás dentro este corrosivo engranaje.
Desea que la libertad y los valores de austeridad y solidaridad ocupen nuestras vidas.

Oración final

En Navidad nos recuerdas
que eres *Tú el único regalo* que da luz
y sentido a nuestras vidas.

Bendice a los niños *y* niñas inocentes,
a los niños y niñas hambrientos
y a los desfavorecidos,
a los que irrumpen en la vida sumidos
en el miedo y la tristeza.

Bendice a los que no tienen juguetes,
a los que no tienen familia
y añoran la ternura inigualable
de una madre,
de un padre.

Bendice a los que sufren
en el silencio blanco de un hospital.

Y a las personas enfermas de egoísmo,
prepotencia, abundancia y sin piedad,
regálales una mirada compasiva.

Bendice finalmente nuestras manos:
las mías, las de todos;
juntas, quieren forjar un mundo solidario
de amor, justicia y paz.

40

Tierno y compasivo

(Cuaresma)

Cuaresma es, ante todo, una llamada a la compasión. Compasión hacia uno mismo, hacia las personas más cercanas, hacia toda la humanidad abrumada por el sufrimiento. Sentir compasión es el primer paso hacia el crecimiento interior: comprender y sentir como propias las necesidades de los demás, aceptar nuestras limitaciones y comprometernos con nuestros semejantes para que en el mundo florezcan la paz, el bien y la justicia.

Invocación

Mira nuestras manos vacías, Señor.
Solo Tú, las harás rebosar de generosidad.

Silencio y Consciencia

Cierra los ojos. Relaja el rostro... los hombros...
todo tu cuerpo.
Coloca las manos sobre el pecho.
La derecha con el puño cerrado, la izquierda envuelve
a la otra mano. Inclina la cabeza hacia el pecho.
Permanece en esta actitud humilde, en silencio,
en presencia del Dios compasivo que te envuelve
y te ama profundamente.

Oración
(Inspirada en el Salmo 50)

Líbranos, Señor, de nosotros mismos;
danos un corazón sabio, tierno y compasivo.

Señor, eres sensible, bueno, y misericordioso.
¡Qué bien conoces el corazón humano!
Nos amas con locura y te compadeces
de las torpezas y delitos que infligimos.

Cuando somos conscientes se nos abren los ojos
y nos percatamos de la dureza de nuestro corazón;
vemos que nos domina el mal
y que somos causa y víctimas de tanto dolor.

No es que queramos disculparnos, Señor,
bien sabes que la malicia la llevamos desde la cuna;
nos sentimos inclinados al dominio y al egoísmo,
nos endiosamos con lo que Tú tanto aborreces.

Sabemos que te gusta el corazón sincero y generoso
y que haces brotar la cordura y la sabiduría.
Te pedimos que nos rocíes con tu amor
para que quedemos limpios como la nieve.

Necesitamos experimentar el gozo y la alegría
que nace de ti para seguir las sendas de la justicia.
Aleja de nuestros delitos el juicio de tu mirada
y borra la maldad que aparece en nuestras vidas.

Señor, deseamos que nuestro corazón sea tierno,
entrañable, agradecido y cargado de bondad.
Renuévanos por dentro con sentimientos nobles
y acompáñanos para que podamos hacer el bien.

Líbranos, Señor, de nosotros mismos;
danos un corazón sabio, tierno y compasivo.

Lectura de la Palabra
(Is 1, 16-18)

Lavaos, purificaos, apartad de mi vista vuestras malas acciones. Desistid de hacer el mal. Esforzaos en obrar el bien; buscad lo justo, dad sus derechos al oprimido; defended al huérfano, proteged a la viuda. Entonces, venid y pactaremos. Porque, aunque vuestros pecados sean como púrpura, blanquearán como nieve; aunque sean rojos como escarlata, quedarán como lana.

Meditación

Mantente inmóvil y en silencio mientras inspiras y espiras con calma.

Cuando aparezca un pensamiento, dejarlo pasar, centrando tu atención en la respiración. Al inhalar se percibe fresco; al exhalar, cálido. Siente que te encuentras en la presencia de Dios, que es bueno, comprensivo y misericordioso.

Gesto compasivo

Inclina la cabeza y coloca tus manos cruzadas sobre el pecho. Formas parte del ser humano que tienes capacidad y libertad para generar el mal. El egoísmo, la avaricia, el orgullo y la prepotencia son actitudes que generan desdichas.
Experimenta compasión por ti y por las personas que son víctimas de colectivos humanos que se mueven por la avaricia y el deseo de poder.
Trae a tu mente alguna persona que tal vez conozcas y que sufre injusticias sociales. Desea que mejore su situación.

Oración final

Padre de la Vida,
queremos ser compasivos y misericordiosos
para contribuir al bien
y a la mejora de cuanto nos rodea.

Ayúdanos a amar sin condiciones,
a luchar contra toda forma de odio y violencia.

Aleja de nosotros la indiferencia, la envidia,
la codicia, el orgullo.

Que la superficialidad y la ignorancia
no colonicen nuestra existencia.

Queremos mejorar la naturaleza,
la sociedad, nuestro planeta.

Lo expresamos hoy aquí,
y en tu presencia
que todo lo apacigua y enriquece,
que nos anima,
nos reconforta y compromete.

41

Tu voz se hace silencio

(Cuaresma)

Situarse en el silencio supone permanecer en la más auténtica intimidad con uno mismo; sostenerse en ese espacio-tiempo donde se aquieta el pensamiento y aparece la calma; emerger a la consciencia donde se experimenta la unidad; acrisolar el espíritu para que aparezca el verdadero ser; situarse en la Gran Presencia del Dios de la vida donde todo tiene sentido.

Invocación

Señor, eres la llama que renueva el espíritu cansado.
A tu lado se enciende nuestro ánimo
y nos llenas de alegría.

Silencio y Consciencia

Cierra los ojos. Relaja todo tu cuerpo. Une levemente las yemas de los dedos de ambas manos, manteniendo los dedos separados.
Observa la respiración. Deja que fluya con tranquilidad.
Al inspirar, repite mentalmente "So"; y al espirar "Hum".
Inspirar es vivir... espirar es morir. "So" hace referencia a la Unidad del Ser superior; "Hum" señala al "ego", el yo que nos impide desarrollarnos. "So" es abrirse a la divinidad que se expresa en mí; "Hum", es morir al ego.
Continúa en esta actitud repitiendo esas palabras.

Oración
(Inspirada en el Salmo 26)

En tu silencio, Señor, encontramos el camino,
orientas nuestra vida, nos llenas de sentido.

Cuando me envuelve la oscuridad,
se desencadenan mis emociones
y hasta mi espíritu tiembla;
cuando todo me invita a la desesperanza,
Tú, Señor, me reconfortas y me regalas paz.

En tu silencio, Señor, encontramos el camino,
orientas nuestra vida, nos llenas de sentido.

Cuando la tristeza y la melancolía me ahogan,
y se adormecen mis ilusiones,
cuando mi cuerpo protesta y envejece con dolor,
cuando mis certezas tiemblan y mis afectos decaen,
Tú, Señor, me serenas y alegras mi corazón.

En tu silencio, Señor, encontramos el camino,
orientas nuestra vida, nos llenas de sentido.

En este tiempo convulso que busca equilibrio,
disfruto con la dicha de tu presencia.
Mi esperanza está en ti, Señor de la Vida;
contigo recupero el ánimo y todo tiene sentido.
Tú, Señor, me fortaleces y serenas mis días.

En tu silencio, Señor, encontramos el camino,
orientas nuestra vida, nos llenas de sentido.

Lectura de la Palabra

(Sb 11, 22-25)

Señor, el mundo entero es ante ti como un grano en la balanza, como gota de rocío mañanero sobre la tierra. Te compadeces de todos y pasas por alto los pecados de los hombres para que se den cuenta y cambien. Amas a todos los seres porque no aborreces nada de lo que salió de tus manos. Eres indulgente con todas las cosas, porque son tuyas Señor, amigo de la vida. Pues tu soplo incorruptible está en todas ellas. Por eso, corriges a su tiempo a los que se desvían, les reprendes y les recuerdas su mal obrar para que, apartándose de la perversidad, vuelvan a ti, Señor.

Meditación

Permanece inmóvil y en silencio. Al espirar, repite mentalmente: *Yo soy.*

Gesto compasivo

Inclina la cabeza y coloca tus manos cruzadas
sobre el pecho.
Piensa en las personas que han entregado su vida
a la práctica de la compasión.
Tal vez conozcas a alguna de ellas.
Unas viven comprometidas con situaciones difíciles
en países en desarrollo; otras ayudan a las víctimas
más vulnerables de nuestra sociedad acomodada.
Dirígeles este profundo deseo: que la salud física, mental
y espiritual les acompañe para que puedan llevar a cabo
su misión con entereza.

Oración final

Señor,
ayúdanos a escuchar tu voz
desde el silencio;
a depurar nuestros gestos y actitudes
desde la consciencia;
a permanecer atentos a las palabras
y necesidades de quienes nos rodean
y a vivir con fortaleza sin dejarnos arrastrar
por el desorden.

De este modo, el amor y la bondad
que nos transmites
serán lo esencial de nuestras vidas.

De corazón,
queremos que así sea.

42

Desde la oscuridad

(Cuaresma)

Como una mancha aceitosa, la oscuridad, va extendiéndose a nuestro alrededor. Lenta pero inexorablemente, la desilusión, la apatía y la violencia, la corrupción, el narcisismo... van invadiendo los espacios que habitamos llegando a penetrar en nuestras propias vidas. La Luz de Jesús es nuestro antídoto para contrarrestar y diluir tanto desatino y desorientación.

Invocación

Nos envuelve la noche, Señor de la Luz.

Que tu Luz brille en nuestra vida,
ilumine nuestro espíritu y nos guíe hacia el bien.

Silencio y Consciencia

Cierra los ojos. Relaja todo tu cuerpo y respira con calma...Dios está contigo.

Visualiza que te encuentras en un túnel... no se ve nada...solo oscuridad...

Dios te acompaña en la oscuridad... Todo está bien...

Inspira profundamente... Al fondo del túnel brilla una pequeña luz... se hace más intensa... va llegando la claridad.

Dios es la luz de tu vida.

Oración
(Inspirada en el Salmo 4)

Tu luz, Señor, nos hace ver la luz.

Señor, de la paz, del amor y de la luz,
Tú que escuchas el clamor del necesitado,
ten compasión de nosotros:
nos afligen las penas, nos asusta el dolor
nos acosan las necesidades y miserias,
los miedos nos tienen atrapados.

Los seres humanos no logramos ni imaginar
hasta dónde podemos llegar haciendo el mal.
¿Cuándo acabará nuestra maldad?
¿Seremos capaces de superar nuestra mezquindad?

Nuestro corazón se ha endurecido.
Somos torpes con nosotros mismos y con los demás;
Nos dominan los apegos, el desencanto,
el poder, la vanidad y la indiferencia;
vagamos entre quimeras y brillos engañosos.

Pero tu amor nos colma de dicha.
Sabemos que viajas a nuestro paso.
Alumbras nuestro camino día a día,
despejas las sombras y las nieblas,
sanas las heridas de nuestra vida aletargada.

Señor, que velas nuestros sueños:
Danos la calma, la paz, el descanso.
Que podamos llegar renovados al nuevo día
para seguir siendo compasivos y mostrar a todos
el rostro de un Dios enamorado.

Tu luz, Señor, nos hace ver la luz.

Lectura de la Palabra

(Jn 8, 12)

Jesús les habló otra vez diciendo: "Yo soy la luz del mundo; el que me siga no caminará en la oscuridad, sino que tendrá la luz de la vida".

Meditación

Al inspirar, di mentalmente: *Señor.*

Al espirar: *Luz de mi vida.*

Gesto compasivo

Inclina la cabeza y coloca tus manos cruzadas sobre el pecho.
Recuerda esas situaciones en las que, abrumado por las circunstancias, te sientes como en un callejón sin salida y no encuentras solución a tus problemas.
En esos momentos, tal vez suelas dirigirte palabras y mensajes de impotencia que contribuyen a complicar tu presente y a proyectar un futuro oscuro y confuso.
Muchas personas viven instaladas en un futuro imaginario e inexistente, más que en el presente real.
Esto les hace experimentar temores imaginarios, miedos infundados y sufrimiento inútil.
Siente compasión por ti y por cuantos necesitan luz en sus vidas. Desea que experimentemos la paz y la consciencia en el presente, en el aquí y el ahora de nuestra existencia.

Oración final

Señor de la verdad y de la luz,
gracias por hacerte presente
en medio de la confusión
y el ruido que nos envuelve.

Gracias por ser luz
en las simas oscuras de la vida;
viajero encontradizo en el camino,
lucero que las noches ilumina.

Gracias por despertar nuestras conciencias
y poder descubrir entre la niebla
la importancia de sentirse hermanos
y construir unidos el futuro.

Queremos ser sencillos, bondadosos,
solidarios, compasivos, misericordiosos,
faro de luz amiga para todos,
incendio de tu amor en nuestras vidas.

43

Agua viva

(Cuaresma)

El ser humano desea trascender el horizonte, para encontrar nuevos paisajes a su finitud; necesita buscar más allá de sí mismo para entender el territorio de su alma; exige beber certezas, para sostener el tiempo limitado de sus días. Cuando el ser humano sale al encuentro de sí mismo, es a Dios a quien encuentra. Y todo se sacia.

Invocación

Señor, estamos sedientos de esperanza.
Calma nuestra sed,
porque Tú eres el agua de la Vida.

Silencio y Consciencia

Adopta una postura cómoda y relajada.
Cierra los ojos. Respira tranquilamente: estás ante la Gran Presencia.
Imagina que estás junto a un manantial. Sacias tu sed, calmas el cansancio y sanas las heridas que la vida te ha dejado. Un sorbo de agua fresca y sientes cómo tus músculos se relajan, tu cuerpo se reconforta. Otro sorbo y tus preocupaciones desaparecen. Con cada sorbo, te sumerges en una paz y unidad que llenan todo tu ser.

Oración
(Inspirada en el Salmo 62)

Eres agua de vida;
sacias mi sed y mi corazón rebosa de alegría.

Señor, por ti madrugo cada día,
mi alma está sedienta de entusiasmo;
mi espíritu tiene ansia de esperanza,
me siento como tierra reseca, agostada, sin agua.

Admiro tu presencia en el santuario de la Vida.
Es enternecedor e impresionante
saber que Tú me quieres con locura;
por eso canto de alegría.

Me emociona tu presencia.
Disfruto del regalo del mundo y de la vida,
celebro con mis hermanos la aventura de cada día
y me siento seguro porque colmas mis sueños.

Cuando me acuesto, pienso en ti
porque eres mi nido, mi refugio;
me cobijo a la sombra de tus alas,
salto de alegría sabiendo que estoy unido a ti
y que eres Tú quien me sostiene y me ampara.

Eres agua de vida;
sacias mi sed y mi corazón rebosa de alegría.

Lectura de la Palabra
(Jn 4, 13-14)

Jesús le dijo a la samaritana: "Todo el que bebe de este agua volverá a tener sed; pero el que beba del agua que yo le dé no tendrá sed jamás, sino que el agua que yo le dé se convertirá en él en fuente de agua que brota para la vida eterna".

Meditación

Respira con calma. Al espirar, repite mentalmente:
Señor, agua de Vida.

Gesto compasivo

Inclina la cabeza y coloca tus manos cruzadas
sobre el pecho.
Muchas personas se dedican a la atención
psicológica y espiritual de sus semejantes.
Profesores, psicólogos, terapeutas, psiquiatras,
sacerdotes, educadores, monitores... son parte
del elenco de estas profesiones vocacionales
que exigen sabiduría, empatía y mucha compasión.
Tal vez seas tú una de estas personas.
Sea como fuere, desea desde tu corazón, que
estos profesionales ayuden a los demás a descubrir
caminos de mejora, de crecimiento, de vida.
Trae a la mente a una persona de tu entorno que
en estos momentos necesita ayuda.
Deséale que encuentre paz y equilibrio.

Oración final

Aquí estamos, Señor,
buscando la paz y el equilibrio
para recuperar nuestra razón de ser.

Anhelamos vivir de manera consciente,
reconocer la carga de los días,
combatir la desazón que nos perturba.

Buscamos mejorar nuestra empatía
y poner al servicio de los otros
todo lo bueno que nos configura.

Deseamos compartir con los sin-nada
el manantial de amor que ofreces
y aliviar sus penas y congojas.

Nuestra sed nos conduce hacia tus fuentes,
porque eres el amor que todo sacia.

Así nos presentamos, Señor,
sedientos: aquí estamos.

44

El camino a casa

(Cuaresma)

Cuando nos atrapa la dispersión y nuestros sentidos se entretienen en lo que sucede en el exterior, olvidamos que el motor de nuestra vida se encuentra en nuestro interior, en nuestra propia casa. Cuando regresamos a nuestro fuero interno, todo se restablece y hallamos el gran tesoro: "Al Señor que está más cerca de nosotros mismos que nosotros mismos", como decía San Agustín.

Invocación

Señor, ¿dónde habitas?
Deseamos encontrar tu morada.

Te buscamos noche y día.
Tú eres nuestro bien.

Silencio y Consciencia

Adopta la postura de abrazarte. Mantente así.
Relaja el rostro, los hombros, los brazos, las manos...
Haz que la postura sea confortable.
Respira con calma. Percibe la vida que fluye...
date la cuenta de cómo tu cuerpo es un latido rítmico y constante.
Estás en ti mismo... Dios está aquí...estás en casa.
Permanece en este estado durante unos minutos.

Oración

Tu presencia,
es la brisa serena que alienta nuestras vidas.

En la paz de tu silencio
encontramos el hogar que nos sustenta,
el calor que nos abraza,
la quietud que nos repara;
y así, Señor, nos sentimos seguros como en casa.

En el discreto murmullo de tus pasos,
sentimos la alegría de verte cerca,
y reconocerte caminando a nuestro lado,
invitándonos a recorrer con fe cada jornada:
y así, Señor, nos sentimos seguros como en casa.

En la serena paz de tu presencia,
cuando las sombras nublan la mirada,
y la pena, el temor y la culpa nos asedian,
Tú disipas las nubes, nos comprendes, nos amparas;
y así, Señor, nos sentimos seguros como en casa.

En el cálido instante de sentirnos amados
en tus brazos,
encontramos la calma, el equilibrio, la bonanza;
brota entonces la luz que todo lo restaura,
se ilumina la vida en un rincón del alma;
y así, Señor, nos sentimos seguros como en casa.

Tu presencia,
es la brisa serena que alienta nuestras vidas.

Lectura de la Palabra
(Lc 15, 20-24)

El joven, inmediatamente se puso en camino para volver a casa de su padre. Aún estaba lejos, cuando su padre lo vio y, profundamente conmovido, salió corriendo a su encuentro, lo estrechó entre sus brazos y lo besó. El hijo empezó a decir: "Padre, he pecado contra el cielo y contra ti, y ya no merezco que me llames hijo". Pero el padre ordenó a sus criados: "¡Rápido! Traed las mejores ropas y vestidle, ponedle un anillo en el dedo y calzado en los pies. Traed el ternero cebado, matadlo y hagamos fiesta celebrando un banquete. Porque este hijo mío estaba muerto y ha vuelto a la vida; se había perdido y lo hemos encontrado". Y comenzaron a hacer fiesta.

Meditación

Al espirar, repite mentalmente:
Estoy en casa, Señor.

Gesto compasivo

Inclina la cabeza y cruza las manos sobre el pecho. Todos hemos sido hijos pródigos en algún momento. Piensa en aquellos que se han alejado del calor familiar, aquellos que han sido arrastrados por senderos de resentimiento, ira, egoísmo, orgullo y desamor. Es posible que pienses en alguien conocido. Anhela que esta persona y sus seres queridos encuentren sendas de reconciliación donde el amor sea el puente hacia el reencuentro.

Oración final

Porque a veces se apodera de nosotros la tristeza
y el desánimo,
necesitamos volver a tu casa, Señor.

Porque olvidamos tu Palabra de vida y esperanza,
necesitamos volver a tu casa, Señor.

Porque nos da vergüenza hablar de Ti,
necesitamos volver a tu casa, Señor.

Porque sentimos compasión por los que sufren
pero no sabemos cómo actuar,
necesitamos volver a tu casa, Señor.

Porque a veces somos rígidos con nosotros mismos
y nos deprimimos,
necesitamos volver a tu casa, Señor.

Porque vivimos inconscientes y no valoramos los
dones de la vida,
necesitamos volver a tu casa, Señor.

Bendito seas, Padre bueno,
porque en tus brazos abiertos descansamos
y renovamos nuestras ilusiones.

45

Del vacío a la luz

(Cuaresma)

La finitud de la naturaleza humana está ineludiblemente unida al dolor y al sufrimiento. A simple vista, todo parece sumirse en un desgarrador vacío. Pero el Gran Amor se encarna en nuestra experiencia. A la luz y al calor de Jesús en la cruz, la vida se convierte en una aventura apasionante donde todo tiene sentido.

Invocación

Dios de la Luz, Tú nos salvas de la oscuridad
del desamor y el sufrimiento.
Llena nuestra existencia de color, de vida y de sentido.

Silencio y Consciencia

Colócate en una postura cómoda y atenta. Relaja
todo tu cuerpo... Respira con calma...
Imagina que una luz azul se introduce por tu cabeza
y lentamente se va irradiando a todos los órganos.
Nota como baja por los hombros... el tórax...
los brazos y las manos... el abdomen... las piernas
y los pies.
Nota cómo esa luz es portadora de salud...
Todo tu cuerpo se encuentra en paz y armonía.

Oración
(Inspirada en el Salmo 129)

Con la fuerza de tu espíritu
poblaremos la Tierra de esperanza.

Desde lo hondo de nuestra pequeñez,
desde nuestro vacío interior, te llamamos.
porque Tú, Señor, siempre nos escuchas
y estás atento a las súplicas del ser humano.

Nuestra plegaria es el grito impotente
de quienes te buscan y te esperan,
de quienes necesitamos equilibrio y paz
en medio de las contradicciones
y desatinos que nos abruman.

Necesitamos tu fuerza y tu energía
para que el mal no acampe a sus anchas;
para que, ante tanto dolor y sufrimiento,
nos impliquemos con respuestas adecuadas.

Despiértanos del letargo y la comodidad
porque confiamos en tu Palabra, actual y viva.
Suscita en nosotros la pasión por la humanidad
para que sepamos responder con creatividad
a las necesidades de nuestros hermanos.

Con la fuerza de tu espíritu
poblaremos la Tierra de esperanza.

Lectura de la Palabra

(1Co 1,22-24)

Los judíos exigen signos, los griegos buscan sabiduría; pero nosotros predicamos a Cristo crucificado: escándalo para los judíos, necedad para los gentiles; pero para los llamados, judíos o griegos, un Cristo que es fuerza de Dios y sabiduría de Dios.

Meditación

Inspira, y al espirar di mentalmente:

Aquí estoy, Señor.

Gesto compasivo

Inclina la cabeza y coloca tus manos cruzadas sobre el pecho.

La realidad de la persecución religiosa en numerosos países es un escándalo que viola los derechos humanos. Son muchos los cristianos que se ven forzados a ocultar su fe, a reunirse clandestinamente, a abandonar su país.

Desde nuestra posición segura y acomodada, nos sentimos en la obligación de denunciar su situación y de defender sus derechos. Sentimos compasión por todas esas personas; expresamos nuestro deseo de no permanecer inoperantes y de comprometernos en la denuncia de estas situaciones.

En este momento compasivo, traemos a nuestra oración a alguna persona conocida que en estos momentos necesita ayuda.

Oración final

Señor,
en ti ponemos nuestra confianza cada día,
porque animas nuestra existencia
y nos impulsas a hacer el bien.

Queremos despertar de nuestro egoísmo
para ser conscientes y compasivos
ante el dolor de nuestros semejantes.

Tú que experimentaste
penas y limitaciones, alegrías, esperanzas,
ilumina nuestras mentes
y templa nuestros corazones.

Tú que fuiste hostigado
por defender la paz y el bien
fortalece a los cristianos perseguidos.

Es lo que deseamos de corazón.

Para lograrlo,
contamos con tu ayuda;
cuenta con nuestras manos.

46

Amor sin límites

(Jueves Santo)

Con Jesús, el sentido de los afectos cambia profundamente. Nadie ha reivindicado ni profesado el amor hacia los semejantes de un modo tan radical como lo hizo Él. Jesús de Nazaret vivió hasta el final de sus días realizando gestos extremos de amor y compasión. Su amor a los enemigos, la defensa de los desvalidos y marginados o el perdón a quienes lo crucificaron, son claros ejemplos de un amor incondicional que solo proviene de Dios.

Invocación

Señor, Tú eres luz, ternura y compasión.
Enciende nuestro corazón con tu amor.

Silencio y Consciencia: Bálsamo sanador.

Aplica unas gotas de bálsamo (aceite de romero...) en tus manos. Frótalas con calma consciente inhalando su aroma. Agradece la bondad que emana de ti. Coloca tus manos a unos centímetros de las manos de otra persona, sin tocarlas. Bendícela deseándole paz y bienestar. Intercambia la posición de las manos, permitiendo ser bendecido por la otra persona. Permite que el amor de la Gran Presencia fluya en estos momentos.

Oración
(Inspirada en el Salmo 115)

Solo el amor nos hace uno contigo;
solo el amor nos hace uno con todos.

¿Cómo podremos agradecerte
todo el bien que nos haces?

En tu honor brindamos, Señor;
siempre hablamos bien de ti
porque eres la sustancia de nuestras vidas,
la alegría que ilusiona nuestros cansancios.

¡Qué gozo saber que nos amas con locura!
¡Qué consuelo sentir que no estamos solos!

Te apena el dolor y el sufrimiento que ocasionamos;
deseas que nos liberemos del sufrimiento,
anhelas que alcancemos la felicidad.
Cuenta con nuestro esfuerzo
para aliviar las amarguras de nuestros hermanos.

Este es el gesto de gratitud que más te reconforta,
el compromiso que renovamos cada día:
curar las heridas y acabar con el sufrimiento
del afligido;
alentar a los tristes y desesperados,
acompañar al pequeño, al que sufre, al marginado,
amar como una madre.

Solo el amor nos hace uno contigo;
solo el amor nos hace uno con todos.

Lectura de la Palabra
(Jn 13, 3-5; 12-15)

Entonces Jesús, sabiendo que el Padre le había entregado todo, y que de Dios había venido y a Dios volvía, se levantó de la mesa, se quitó el manto, tomó una toalla y se la ciñó a la cintura. Después de lavarles los pies, se puso de nuevo el manto, volvió a sentarse a la mesa y dijo a sus discípulos: "Pues bien, si yo, que soy el Maestro y Señor, os he lavado los pies, vosotros debéis hacer lo mismo unos con otros. Os he dado ejemplo, para que hagáis lo que yo he hecho con vosotros".

Meditación

Al inspirar, repite mentalmente: *Señor.*

Al espirar: *Eres amor.*

Gesto compasivo

Inclina la cabeza y cruza las manos sobre el pecho. Recuerda un momento en el que te sentiste cuidado y protegido, quizás en tu infancia o durante una enfermedad. Reconoce el amor y la atención recibidos, dejando una huella perdurable en ti. Piensa en quienes enfrentan la soledad no deseada, a una enfermedad sin visitas, niños abandonados o ancianos sin afecto. Estas situaciones pueden ser devastadoras. Siente compasión por ellos y mantente dispuesto, al igual que Jesús de Nazaret, a sanar, acompañar y consolar.

Evoca a una persona conocida, que necesite ayuda.

Oración final

Tu amor nos contagia de amor:
amor a la vida
amor a los hermanos.

Tu paternidad nos mantiene unidos
a todo ser humano
sin prejuicios, sin razas ni fronteras.

Tu maternidad nos invita
a ser entrañables
con los pequeños, los débiles
y los desvalidos.

Contigo todo es significativo:
lo grande, lo minúsculo, lo frágil.
Nada nos es ajeno.

Tu bondad nos hace mejores,
más comprensivos,
generosos y amables.

Queremos dar respuestas eficaces
a las necesidades que se presentan
y al futuro que se aproxima.

Cercanos y compasivos,
como tú nos inspiras.
Así queremos ser, y en ello estamos.
Cuenta, Señor, con nuestras manos.

47

Vacuidad

(Viernes Santo)

El dolor, la enfermedad y las pérdidas forman parte consustancial de nuestra vida contingente. Todo aquí es transitorio, nada es permanente, todo es efímero, se desvanece y queda atrás para dar paso a lo novedoso, que también pasará. Como nos enseña Jesús con su vida, con su muerte y su resurrección, también el calvario, el dolor y la muerte, son un paso transitorio a una existencia nueva, intensa y duradera: es el paso a la Vida.

Invocación

En el dolor y el sufrimiento escuchamos tu voz.
Señor, Tú alivias nuestras penas, alientas nuestro espíritu y reconfortas nuestra existencia.

Silencio y Consciencia

Adopta una postura cómoda y atenta.
Cierra los ojos. Respira con calma.
Visualiza el espacio en el que te encuentras... los objetos y personas que te rodean... Obsérvalos con detalle...
Empezando por los elementos más voluminosos hasta los más pequeños, imagina que desaparecen, uno a uno, hasta que no quede nada... solo vacío.
Quedas tú... en soledad total... tú y Dios contigo.

Oración
(Inspirada en el Salmo 30)

Padre, en ti me abandono;
en tus manos encomiendo mi espíritu.

A ti, Señor, me acojo.
No quede nunca defraudado.
Tú, que eres bueno, ponme a salvo.
A tus manos encomiendo mi espíritu:
Tú, el Dios cercano y compasivo, me librarás.

A veces soy la burla de mis enemigos,
la irrisión de los vecinos,
el sobresalto de mis conocidos.
Me ven por la calle, y escapan de mí.
Con frecuencia me ignoran, como a un muerto,
me destierran como a un cacharro inútil.

Pero yo confío en ti, Señor,
y te digo: Tú eres mi Dios,
en tus manos están mis afanes;
líbrame de la maldad que me paraliza,
presérvame del frívolo y del injusto.

Haz brillar tu rostro sobre mí
y ayúdame a crecer en bondad y misericordia.
Fortalece mi corazón indeciso y débil
para que siempre confíe y espere en ti, Señor.

Padre, en ti me abandono;
en tus manos encomiendo mi espíritu.

Lectura de la Palabra

(Lc 23, 44-48)

Cuando era la hora sexta, hubo tinieblas sobre toda la tierra. El sol se oscureció, y el velo del templo se rasgó por la mitad. Entonces Jesús, clamando a gran voz, dijo: "Padre, en tus manos encomiendo mi espíritu". Y habiendo dicho esto, expiró. Cuando el centurión vio lo que había acontecido, dio gloria a Dios, diciendo: "Verdaderamente este hombre era justo". Y toda la multitud de los que estaban presentes, viendo lo que había acontecido, se volvían golpeándose el pecho.

Meditación

Respira con calma. Al espirar, repite mentalmente:
En tus manos descanso.

Gesto compasivo

Inclina la cabeza y cruza las manos sobre el pecho. Recuerda la pérdida de un ser querido... En lugar de enfocarte en el dolor, revive un momento de amor y ternura con esa persona.
Visualízala, sonríele y deséale paz desde lo más profundo de tu ser... Siente cómo también te sonríe y te brinda paz.
Piensa en alguien que esté atravesando un duelo reciente. Siente compasión y deséale que acepte esta situación dolorosa con paz y amor.

Oración final

Señor, en tus manos descansa
nuestro espíritu perplejo, fatigado,
y a veces enfermo, triste y desanimado.

Sabemos que la muerte
forma parte del ciclo de la vida
y que venimos marcados
por la transitoriedad
y la finitud.

Necesitamos el fuego de tu Espíritu
que encienda nuestros días:
el calor de tu ternura
que disipe nuestras sombras;
la calidez maternal de tu regazo
que soporte nuestras penas.

Con tu vida, tu muerte y tu resurrección
has poblado la Tierra de esperanza
y has dado significado a la existencia.

Gracias;
en Ti, todo cobra sentido.

48

Regresar a la tierra

(Sábado Santo)

Nacemos tierra, sustrato abonado donde brotan las bondades y los anhelos de progreso. Sin embargo, nuestros sueños y nuestras esperanzas se debilitan y olvidamos el proyecto de Dios sobre nosotros. Necesitamos regresar a la tierra, esa tierra que nunca dejamos de ser; así lo hizo Jesús. Al descender a lo profundo, cobramos nuevo impulso para alzar el vuelo y sabernos resucitados.

Invocación

Desde el silencio escuchamos tu voz.
En el sustrato fecundo del silencio, Tú alientas
y reconfortas nuestra existencia.

Silencio y Consciencia

Cierra los ojos y relaja tu cuerpo. Respira con calma.
Coje la mano izquierda con tu mano derecha, de
modo que el dedo pulgar derecho se sitúe en
el dentro de la palma izquierda; el resto de los dedos
abrazan la mano como si fueran una pinza. Siente que
la mano izquierda está pasiva. Realiza tres respiraciones
profundas. Repite el ejercicio cambiando de mano.
Coloca las manos sobre los muslos.
Eres tierra de la Tierra... espíritu del Espíritu...
la parte de un todo que abraza y te sostiene.

Oración

Vivir es morir un poco.
Morir es vivir para siempre.
Con tu muerte, Señor, renace la vida entre nosotros.

Silencio y armonía.
Todo está bien.
En la serena brisa del horizonte
estás Tú, presente en el vacío,
amaneciendo sueños y nutriendo esperanzas.

Silencio y aliento.
Respiramos contigo
y el aire se renueva, cobra vida.
Se encienden los colores medio adormecidos,
despierta nuestra ilusión perdida y añorada.

Silencio y Amor.
Cólmanos de ternura.
Contigo se inflama nuestro espíritu.
Estás aquí, llegas y todo se detiene.
Solo Tú permaneces abrazado a nosotros.

Silencio y quietud.
Todo está consumado.
Vuelves a la tierra y te encontramos.
Nada y Todo cobra sentido.
Reposamos en el cálido hogar de tu regazo;
solo en ti descansamos.

Vivir es morir un poco.
Morir es vivir para siempre.
Con tu muerte, Señor, renace la vida entre nosotros.

Lectura de la Palabra

(Flp 2, 5-11)

Procurad tener los mismos sentimientos que tuvo Cristo Jesús, el cual, siendo de naturaleza divina, se anonadó a sí mismo tomando la naturaleza de siervo, haciéndose semejante a los hombres; y, en su condición de hombre, se humilló a sí mismo haciéndose obediente hasta la muerte, y muerte de cruz. Por eso Dios le exaltó y le otorgó un nombre que está sobre cualquier otro nombre, para que al nombre de Jesús doblen su rodilla los seres del cielo, de la tierra y del abismo, y toda lengua confiese que Jesucristo es Señor para gloria de Dios Padre.

Meditación

Al espirar, di mentalmente:
Cristo, Jesús.

Gesto compasivo

Inclina la cabeza y cruza las manos sobre el pecho.
Agradece tu vida, única y maravillosa. Reconoce
su finitud y la de todos los seres vivos. La sabiduría
está en aceptar la realidad.
Siente compasión por quienes luchan contra
la muerte y por los que sufren desesperanza.
Recuerda a quienes fallecen por violencia; a quienes
se van de la vida desesperanzados, a quienes eligen
quitarse la vida, quienes mueren solos y abandonados.
Siente compasión, sabiendo que unos y otros son
acogidos por los brazos amorosos del Padre-madre
Dios.

Oración final

Tú lo llenas todo.

Con tu vida, tu muerte y tu resurrección
el color y el calor reinstauran la Vida.

Contigo, nuestra naturaleza
germina a la bondad y al bien
como tierra abonada.

Contigo todas las situaciones
de la existencia tienen sentido;
cualquier muerte es germen.

Queremos soñar con lo importante
para que nuestro vuelo no se extravíe
en los vacíos sin sentido.

Necesitamos recordar que tu experiencia
de dolor, de muerte y de resurrección
da pleno sentido a nuestras penas.

Todo lo llena tu amor;
nada nos falta contigo.

49

Nos inunda tu Luz

(Domingo Pascual)

A lo largo de la existencia, cada ser humano vive experiencias de oscuridad y tiniebla. Las desgracias, el dolor y el sufrimiento enturbian los sentidos y son fuente de aislamiento y tristeza, ocasionando delirios, depresión y muerte. Solo la luz nos regala visibilidad, color, alegría, relación. Con el Resucitado llega la Luz, el calor y la vida; con el Resucitado, todo tiene sentido.

Invocación

¡Aleluya, Aleluya! El Señor es la luz del mundo.

¡Aleluya, Aleluya! Con tu resurrección,
Señor, renuevas nuestras vidas.

Silencio y Consciencia

Cierra los ojos. Relaja la frente... los párpados... las mandíbulas... los hombros...
Coloca las manos sobre el pecho.
Visualiza una luz dorada que brota en tu interior... poco a poco, la luz va inundando todo tu ser... Esa luz se expande fuera de ti y forma un aura de unos centímetros que rodea tu silueta. Inspira y espira con calma... Vives en la luz. Eres un ser de luz.
Dios está en ti.
Permanece en este estado durante unos minutos.

Oración

Señor de la Luz, resucitar contigo
es repoblar de esperanza nuestra vida

Una alborada más
y la tierra acoge emocionada
el nuevo Sol que anuncia un nuevo día.
Resucitas, Jesús, y nos colmas de vida;
atrás queda la muerte ensombrecida.

Entre brumas, oscuridad y nieblas,
renaces como luz vibrante y sanadora.
Libras del desaliento a los perdidos,
sacias la sed con una fuente inagotable de agua,
inundas de júbilo la tierra.

Desarmas de poder al sufrimiento;
acabas con el círculo del miedo.
Con tu resurrección llenas de luz el mundo,
nos salvas de la muerte, renace la esperanza,
llenas nuestra existencia de alegría.

Tu Amor no tiene límites,
nos contagia de amor a los hermanos;
contigo somos uno y uno somos con todos.
Has prendido una hoguera de vida
en nuestras manos;
contigo todos resucitamos.

Señor de la Luz, resucitar contigo
es repoblar de esperanza nuestra vida

Lectura de la Palabra

(IPe 1, 3-5)

Alabemos al Dios y Padre de nuestro Señor Jesucristo, que nos ha hecho nacer de nuevo y nos ha dado una vida con esperanza. Esto lo ha hecho por su gran amor hacia nosotros y por el poder que mostró cuando resucitó a Jesucristo de entre los muertos. Él nos dará todo lo que nos ha prometido. Su promesa no puede destruirse ni mancharse. Confiáis en Dios y por eso os protege, para que seáis salvados como está planeado.

Meditación

Respira con calma.
Al inspirar, repite mentalmente: *Señor.*
Al espirar: *Eres Luz.*

Gesto compasivo

Inclina la cabeza y coloca tus manos cruzadas sobre el pecho.
Toma conciencia de que el bien y la luz que hay en ti conviven con tus sombras.
Recuerda cómo a veces te encuentras encerrado en la contradicción: haces el mal que no quieres y dejas de hacer el bien al que estás llamado.
Eres digno de compasión por ello. Desea que la luz y el bien prevalezcan sobre la oscuridad y el mal; que la bondad y el amor iluminen y protejan la vida de todas las criaturas.

Oración final

Señor de la Vida:

Con tu resurrección
tiene sentido la existencia.

Con tu resurrección
renuevas la ilusión de nuestros días.

Con tu resurrección
se cumplen tus promesas.

Porque resucitas, Señor,
retorna el equilibrio y la sabiduría.

Porque resucitas, Señor,
nunca jamás estaremos solos.

Porque resucitas, Señor,
podemos comprometernos
en la mejora de nuestro entorno.

Gracias a tu resurrección,
estamos dispuestos a trabajar por la justicia.

Gracias a tu resurrección,
tenemos fortaleza para afrontar
las dificultades.

Gracias a tu resurrección,
llevamos la paz y la bondad a los que nos rodean.

Aleluya, Aleluya.
Gracias, Señor resucitado.
Aleluya, Aleluya.

50

Manantial de Vida

(Pascua)

La resurrección de Jesús nos hace tomar conciencia de que la vida tiene una dimensión menos plana de la que estamos acostumbrados a ver. Jesús es el remanso al que acudimos cuando estamos inquietos, cuando se enturbian las alegrías, cuando las torpezas y desasosiegos bloquean nuestra mente. Jesús es el manantial de la Vida.

Invocación

Tú eres el manantial de nuestras vidas.
Tu resurrección hace florecer nuestra existencia.

Silencio y Consciencia

Adopta una postura cómoda y atenta... Relaja
el rostro, los hombros y todo el cuerpo... Haz que
tu respiración sea consciente y sosegada.
Coloca las manos sobre los muslos con las palmas
hacia arriba. Dirige la atención a tus manos abiertas
y vacías. Visualiza la energía que recibes con cada
inspiración. Es, un regalo sanador que te reconforta.
Con cada espiración, esa energía penetra en tu ser
y se expande por todo tu organismo.
Dios es tu manantial de Vida.

Oración
(Inspirada en el Salmo 36)

Luz para el alma, manantial de vida.
Quiero ser agua y luz en mi camino.

Señor, Tú siempre cumples tus promesas;
tu fidelidad va más allá de lo imaginable.
Te confiamos nuestros sueños y nuestras penas
porque eres bueno y generoso con todos.

¡Qué suerte saber que estás tan cerca!
A tu lado nos sentimos seguros, confiados,
y nuestro corazón salta de alegría
porque eres la paz que nadie puede perturbar.

Eres el manantial que todo lo vivifica;
tus torrentes son energía para el camino;
tus olas enjugan las heridas y alivian nuestras fatigas;
y en tus lagos se diluyen las penas y tristezas.

Con tu luz siempre renovada, vemos la luz
y nos sentimos conscientes y responsables;
tu claridad nos permite ser humildes y sencillos,
y el fulgor de tu presencia nos llena de regocijo.

Luz para el alma, manantial de vida.
Quiero ser agua y luz en mi camino.

Lectura de la Palabra

(Jr 17, 7-8)

Bendito el hombre que confía en el Señor y pone su esperanza en Él. Será como un árbol plantado junto a la acequia de agua, extiende sus raíces hacia la corriente; no teme que llegue el calor, y sus hojas están siempre verdes. En época de sequía no se angustia, y nunca deja de dar fruto.

Meditación

Al inspirar, repite mentalmente: *Señor.*

Al espirar: *Eres la vida.*

Gesto compasivo

Inclina la cabeza y cruza las manos sobre el pecho.
La vida es el regalo personal sobre el que se cimentan todos los demás. Agradece al Dios de la Vida tu presencia hoy, aquí y ahora...
Agradece a tus padres y familiares que acogieron con ternura tu llegada...
Muchos no pueden preservarla o agradecerla; algunos la desvaloran, otros interrumpen embarazos no deseados y hay quienes hacen sufrir a los niños.
Siente compasión por ellos. Comprométete a promover una visión amplia y positiva de la vida, donde el amor guíe todas las acciones.

Oración final

Gracias Señor,
porque iluminas nuestras vidas
y pones calma en los peligros que nos acechan.

Gracias, porque consuelas nuestros desalientos
y nos colmas de propósitos y de ilusión.

Gracias porque sanas las contusiones
de nuestra psicología compleja, frágil y limitada.

Gracias porque estimulas nuestro progreso
y permites que podamos mejorar la convivencia.

Gracias porque nos indicas que somos hermanos
y nos pides que busquemos la justicia y la igualdad.

Gracias porque abrazas nuestra insignificancia
y pones en nuestras manos tu Misión.

Gracias porque fortaleces nuestro espíritu
para ser testigos de tu amor.

Gracias, Señor resucitado.

51

Busco tu rostro

(Pascua)

La imaginación tiene sus límites. No es posible representar algo que no conocemos. Hasta las personas más creativas solo llegan a idear a través de la combinación de elementos. Sin embargo, nuestro espíritu anhela ir más allá de los márgenes establecidos. Tenemos sed de infinito. Por eso, buscamos el rostro de quien nos inspira con un amor que no tiene límites.

Invocación

Busco tu rostro, Padre bondadoso.
Que tu mirada ilumine nuestra vida.

Silencio y Consciencia

Adopta una postura cómoda y atenta. Relaja todo tu cuerpo. Observa tu respiración tranquila y constante.
Evoca el rostro de personas que te son significativas...
Deséales que disfruten de la vida, que les vaya bien en sus quehaceres, que vivan con alegría...
Date cuenta de que también eres amado por ellas y desean paz y bien para tu vida...
Todos estamos en la Presencia amorosa de Dios. Nos contempla y quiere que seamos felices. Dios bendice a tus seres queridos, Dios te bendice a ti.
Permanece en este estado de paz y de amor.

Oración
(Inspirada en el Salmo 27)

Seguiré tu camino;
nada me asusta porque Tú estás conmigo.

Señor, Tú eres mi luz y mi salvación,
eres el refugio de mi vida.
¿De qué puedo tener miedo?

Los que actúan con maldad
tropiezan con tu mano bondadosa
quedando confundidos e indefensos.

Aunque las desgracias me acosen
y me cerque la adversidad,
afrontaré la vida con valor porque Tú estás conmigo.

Que la desconfianza no se apodere de mí
y que no me invada el desaliento
porque deseo permanecer en tu presencia.

Que la tristeza no anegue mi tiempo
y que el desánimo no paralice mi ilusión
porque quiero recorrer la vida con la mayor alegría.

En mi interior brota tu voz que me dice:
"Busca mi rostro". Sí, tu rostro buscaré
pero no te escondas de mí, Dios de mi salvación.

Muéstrame tu camino, Dios de la vida.
Que las dificultades sean llevaderas
para que mi corazón se mantenga firme y nada tema.

Seguiré tu camino;
nada me asusta porque Tú estás conmigo.

Lectura de la Palabra

(Nm 6, 24-26)

Que Yahvé te bendiga y siempre cuide de ti; que Yahvé te mire con ternura y te muestre su bondad; que Yahvé te contemple con agrado y te llene de paz.

Meditación

Respira con calma. Al espirar, repite mentalmente:

Busco tu rostro.

Gesto compasivo

Inclina la cabeza y coloca tus manos cruzadas sobre el pecho.

La adolescencia es una etapa de búsqueda en la que se acrisola la identidad personal y se comienza a configurar el sentido de la vida. En este proceso, muchos adolescentes experimentan confusión e incomprensión y se enredan en un severo autojuicio que les lleva a adoptar conductas poco sanas o a emprender caminos de sufrimiento.

Recuerda tu etapa adolescente... seguramente no fue fácil.

Siente compasión por algún adolescente que conoces... Proponte intensamente mejorar tu nivel de comprensión y aceptación hacia él.

Desea que encuentre rostros amigos que le ayuden a descubrir caminos de crecimiento, libertad y equilibrio.

Oración final

Juntos, Señor, te buscamos
para que sacies nuestra sed de ti.

Vemos tu rostro
en la intimidad del silencio,
en la meditación serena de cada jornada,
en la simple contemplación de la Naturaleza.

Vemos tu rostro
en la bondad de las personas que nos rodean,
en el encuentro con los niños y los adolescentes,
en la mirada serena de los ancianos,
en la cercanía de los sencillos y marginados.

Vemos tu rostro
en los pequeños detalles que nos cautivan,
en los acontecimientos de cada día
en los complejos anales de la Historia,
en los sucesos adversos que nos conmueven,

Tu mirada amorosa y comprensiva
nos permite ver
todos los rostros
con ojos de bondad y de ternura.

Juntos, Señor, te buscamos
para que sacies nuestra sed de ti.

52

Piedra angular

(Pascua)

La vida es una lección significativa y nuestra tarea es aprender. Lo que, en apariencia, es despreciable para el orgullo humano, siempre encierra algún valor. Para el cristiano, nada es insignificante; todo está conectado. Jesús de Nazaret, sencillo, humilde, despreciado, juzgado, torturado y ajusticiado es piedra angular, esperanza y sentido para los pueblos.

Invocación

Señor, nuestra vida discurre en tu presencia.
Con tu luz, todo adquiere un sentido nuevo.

Silencio y Consciencia

Colócate en una postura cómoda y atenta. Relaja todo tu cuerpo. Respira con calma.
Imagina una flor silvestre en el borde de un camino. Parece insignificante, pero despliega toda su energía, aceptando su lugar en el mundo y encerrando en su interior un misterio de vida. Atrae a insectos, se nutre de la lluvia y el suelo, admira a quienes la ven, es portadora de una historia ancestral, y hoy está presente en tu recuerdo.
En esa presencia, también está Dios. Permanece admirando esta maravilla.

Oración

(Inspirada en el Salmo 117)

Señor, tu presencia fortalece mi vida.

Gracias, Padre bueno,
Dios providente y misericordioso.
Confío en tu paternidad
indulgente y compasiva.

No merece la pena confiar
en lo caduco y en lo perecedero;
elijo refugiarme en ti, generador de paz,
de vida, de sabiduría, de energía que salva.

Tus proyectos, Señor, son un misterio;
no entiendo los caminos por los que me conduces.
Hasta la piedra desechada por los arquitectos
es para ti piedra angular, la más valiosa.

Hoy salta mi corazón de gozo
porque tu presencia me inunda de alegría.
Bendito eres, creador del universo,
Padre bueno y misericordioso.

Señor, tu presencia fortalece mi vida.

Lectura de la Palabra
(Hch 4, 8-12)

Entonces Pedro, lleno del Espíritu, les dijo: "Jefes del pueblo y ancianos, puesto que con motivo de la obra realizada en un enfermo somos hoy interrogados por quién ha sido éste curado, sabed todos vosotros y todo el pueblo de Israel que ha sido por el nombre de Jesucristo, el Nazareno, a quien vosotros crucificasteis y a quien Dios resucitó de entre los muertos; por su nombre, y no por ningún otro, se presenta éste aquí sano delante de vosotros. Él es la piedra que vosotros, los constructores, habéis despreciado y que se ha convertido en piedra angular. Porque no hay bajo el cielo otro nombre dado a los hombres por el que nosotros debamos salvarnos".

Meditación

Respira con calma. Al espirar, repite mentalmente:
Yo soy.

Gesto compasivo

Inclina la cabeza y cruza las manos sobre el pecho.
Aceptar las limitaciones es difícil. En una sociedad utilitarista, la enfermedad es vista como "piedra desechable". Sin embargo, puede ser "piedra angular", ejemplo de fortaleza y dignidad.
Piensa en algún enfermo cercano. Desea que, pese al sufrimiento, encuentre paz y alegría interior.
Comprométete a acompañarla y aliviar sus padecimientos.

Oración final

Aquí estás, Señor.

Nos encontramos en tu presencia.

Tu luz nos confiere
una mirada limpia
para ver la realidad con ojos nuevos.

Tu palabra
es ritmo del corazón
que alienta nuestros pasos.

Tu ternura de Padre
enciende nuestra vida.

Eres piedra angular
que da sentido a nuestros días.

Eres salud
que contagia vigor y alegría.

Eres bálsamo
que conforta y robustece.

Estás aquí, Señor,
somos uno,
contigo en un abrazo.

53

Compañero del camino

(Pascua)

Como eternos peregrinos, siempre estamos en marcha, no puede ser de otra manera. Nuestro destino está unido al movimiento, a la vida en la que todo discurre. En el trayecto encontramos otros peregrinos que animan nuestros pasos, alivian nuestro cansancio, nos socorren en los percances y enriquecen nuestro paisaje interior. Jesús, compañero entrañable de camino, despierta nuestros sentidos, enciende nuestro ánimo y nos orienta en la incierta senda de la vida.

Invocación

Peregrino de amor, camina a nuestro lado.
Alienta nuestra vida, orienta nuestros pasos.

Silencio y Consciencia

Adopta una postura cómoda y atenta. Respira con calma.. Visualízate caminando por un sendero. Un niño se te acerca... te da su mano. En tu interior todo se vuelve sencillo, inocente, gozoso. El niño se aleja. Aparece un anciano que da su mano rugosa cargada de experiencia. Sientes confianza, seguridad y fortaleza. El anciano se aleja.

Aparece Jesús de Nazaret. Toma tu mano y te llena de alegría y paz. Jesús, no se aleja, permanece a tu lado.

Oración
(Inspirada en el Salmo 25)

Tú que caminas a mi lado,
guía mis pasos por la senda de la vida.

Ayúdame, Señor, a caminar rectamente.
Como siempre estás a mi lado, en ti me apoyo
y en los momentos de tensión y de duda
no vacilo, ni me dejo arrastrar por el desánimo.

Ayúdame a ser fuerte,
ilumina mi conciencia y mi corazón
para que sigan la trayectoria del amor;
ese amor con el que irrumpes en mi vida.

No quiero vivir deslumbrado por la mentira,
ni dejarme arrastrar por la hipocresía.
Quiero anunciar a los cuatro vientos
tu proyecto de amor para los hombres.

Solo deseo caminar a tu lado,
sentir que me acompañas y me orientas,
ser fuerte, que mis pasos no vacilen
y sentirme seguro en tu presencia.

Tú que caminas a mi lado,
guía mis pasos por la senda de la vida.

Lectura de la Palabra
(Lc 24, 13-35)

Dos de los discípulos se dirigían aquel mismo día a un pueblo llamado Emaús. Iban hablando de todo lo que había pasado. Mientras conversaban, Jesús se les acercó y se puso a caminar a su lado. Al llegar al pueblo, Jesús hizo ademán de seguir; pero ellos le dijeron: "Quédate con nosotros, porque ya es tarde y se está haciendo de noche". Entró Jesús, y se quedó con ellos. Cuando estaban en la mesa, tomó en sus manos el pan y, habiendo dado gracias a Dios, lo partió y se lo dio. En ese momento se les abrieron los ojos y reconocieron a Jesús; pero Él desapareció. Se dijeron el uno al otro: "¿No es cierto que el corazón nos ardía mientras nos venía hablando?". Se pusieron en camino y regresaron a Jerusalén, contaron lo que les había pasado en el camino, y cómo reconocieron a Jesús al partir el pan.

Meditación

Respira con calma. Al espirar, repite:
Caminas a mi lado.

Gesto compasivo

Inclina la cabeza y cruza tus manos en el pecho.
Es probable que hayas transitado por momentos oscuros en tu camino... Un encuentro como el de Emaús reanima tu espíritu.
Piensa en una persona que necesite recuperar la esperanza. Desea que encuentre compañeros de camino que aviven su fe, abran sus ojos a la luz y le recuerden que Jesús siempre está a su lado.

Oración final

Peregrino de amor,
camina a nuestro lado.

Contigo nuestros pasos son seguros,
el trayecto se torna una aventura,
nuestros ánimos cobran nueva fuerza
y encontramos consuelo a nuestras penas.

Tu proyecto de amor nos apasiona
y hacemos de la senda una tarea:
el compromiso de avanzar despiertos
para que nadie quede al borde del camino.

Incendia nuestros corazones peregrinos
que recorren la senda de la vida
para que al compartir el pan con los hermanos
reconozcamos tu presencia viva.

Peregrino de amor,
camina a nuestro lado.

54

Bienaventurados

(Pascua)

Optar por los valores evangélicos supone adoptar el espíritu de las bienaventuranzas. El mejor modo de sentir y expresar nuestra verdadera identidad es ser conscientes de la impresionante capacidad de amor que albergamos y proyectarla de modo que articule nuestra vida. Las bienaventuranzas que propone Jesús de Nazaret constituyen un programa personal, comunitario y eclesial radicalmente opuesto a los principios vigentes en una sociedad materialista, hueca y utilitaria.

Invocación

Somos bienaventurados, iluminas nuestra vida.
Nuestro corazón te descubre en cada ser humano.

Silencio y Consciencia

En una postura relajada y atenta, une las palmas
de tus manos frente al pecho. Los dedos pulgares
y meñiques permanecen en contacto y los otros
tres extendidos hacia atrás. Inhala y mantén
la postura como si fuera una flor abierta. Al exhalar,
une los dedos para cerrar la "flor".
Todo tu ser se abre a la generosidad de Dios
y se pliega para interiorizar y crecer en ese amor.

Oración

(Inspirada en el Salmo 118)

Tu palabra me inspira y me transforma:
Soy dichoso y feliz en tus caminos.

Dichosos los que escuchan
la voz del Señor en su corazón,
los que guardan su Palabra y la cumplen.

Dichosos los que no se avergüenzan
al mostrar empatía y compasión,
los que buscan la dignidad y la justicia para todos.

Dichosos los humildes que reconocen sus límites,
los que hablan con sinceridad, los que hacen el bien
y permanecen atentos a las necesidades
de sus semejantes.

Dichosos los que contribuyen
a la mejora de la sociedad,
los que buscan remedio a la marginalidad
y al sufrimiento y tratan de aliviar la soledad,
la tristeza, el desamor.

Dichosos los que aman de corazón y viven alegres,
comprometidos con el proyecto de Dios.

Dichosos los que, aun siendo incomprendidos,
no temen ni vacilan.

Dichosos los que, con ojos limpios,
ponen la confianza en Dios y trabajan
para hacer de este mundo un entorno pacífico
en el que el cuidado de todos sea lo prioritario.

Tu palabra me inspira y me transforma:
Soy dichoso y feliz en tus caminos.

Lectura de la Palabra

(Mt 5, 1-12)

Viendo la muchedumbre, subió al monte. Tomando la palabra, les enseñaba diciendo: "Bienaventurados los pobres de espíritu, porque de ellos es el Reino de los Cielos. Bienaventurados los mansos, porque heredarán la tierra. Bienaventurados los que lloran, porque serán consolados. Bienaventurados los que tienen hambre y sed de la justicia, porque serán saciados. Bienaventurados los misericordiosos, porque alcanzarán misericordia. Bienaventurados los limpios de corazón, porque verán a Dios. Bienaventurados los que trabajan por la paz, porque serán llamados hijos de Dios. Bienaventurados los perseguidos por causa de la justicia, porque de ellos es el Reino de los Cielos. Bienaventurados seréis cuando os injurien, y os persigan y digan con mentira toda clase de mal contra vosotros por mi causa. Alegraos y regocijaos, porque vuestra recompensa será grande en los cielos".

Meditación

Respira con calma. Al espirar, repite: *Amor.*

Gesto compasivo

Inclina la cabeza y cruza las manos sobre el pecho.
Evoca a alguna persona conocida que, como tú,
trata de vivir el espíritu de las bienaventuranzas.
Desea que encuentre la fuerza del Espíritu para
comprometerse a mejorar el mundo que habitamos.

Oración final

Como Tú, Señor, igual que Tú:
Deseamos llevar una vida sencilla y austera
para poder estar cerca de los que sufren.

Como Tú, Señor, igual que Tú:
Ayúdanos a despertar al amor,
a vivir con calma y en paz interior;
a ser eficaces en este mundo estresado y violento.

Como Tú, Señor, igual que Tú:
Ayúdanos a buscar la solidaridad entre las personas,
a trabajar por la justicia y el derecho;
a llevar una vida digna y justa.

Como Tú, Señor, igual que Tú:
Ayúdanos a ser firmes para que nuestra sociedad
sea humana, compasiva y equitativa;
a que podamos comprender, tolerar y amar.

Como Tú, Señor, igual que Tú:
Ayúdanos a mirar a las personas con ojos limpios,
con corazón generoso y sensible;
así nuestra convivencia será sana y fraterna.

55

Maternidad

(María, Madre de Jesús)

La ternura impregna nuestra vida porque somos portadores de una semilla de amor. Dios, la gran matriz del universo, se hace camino en el seno de una mujer: María. Y así llega la Luz a la humanidad, una luz que hoy sigue alumbrando.

Invocación

En tu presencia, Señor, encontramos nuestra dicha.
Como María, escuchamos tu Mensaje
y lo hacemos realidad en nuestra vida.

Silencio y Consciencia

Relaja tu cuerpo... los hombros... los brazos... el rostro...
Respira con calma, sintiendo en la nariz el aire fresco
que entra en cada inspiración.
Coloca una mano en la zona del corazón
y la otra sobre el abdomen.
Evoca mentalmente el tierno abrazo de tu madre,
el de una madre.
Siente en ese abrazo la ternura de Dios...
que envuelve todo tu ser.
Siente cómo ese amor fluye desde ti hacia
todos los seres.
Permanece en este estado durante unos minutos.

Oración
(Inspirada en Lc 1, 46-55)

Te doy gracias, Señor,
porque embelleces mi alma, mi corazón y mis sueños.

¡Que grande eres, Señor!
No me cansaré de expresar mi alegría
ni de decir que no hay nada ni nadie como Tú.
Tu amor se ha hecho dueño de mí,
una persona simple, limitada y mortal.

Gracias a ti, no caeré en el olvido
y tendré el reconocimiento de los conscientes.
¡Eres bueno y maravilloso!
Y yo soy parte de tus maravillas
porque eres compasivo con todos.

¡Qué poco te gustan los arrogantes y soberbios,
los prepotentes y los que abusan del poder!

Los que cuentan para ti son los sencillos,
los limpios de corazón y los humildes,
los que comparten lo mejor de sí mismos.

Por eso colmas de bienes a los hambrientos
y sacias a los que tienen sed de ti.

Somos fruto del amor de quienes nos precedieron;
también a ellos los iluminaste y protegiste.

Hoy nosotros nos sentimos felices
porque tu presencia embellece nuestra vida
y porque sabemos que siempre estarás con nosotros.

¡Gracias, Señor!

Te doy gracias, Señor,
porque embelleces mi alma, mi corazón y mis sueños.

Lectura de la Palabra

(Lc 8, 19-21)

La madre y los hermanos de Jesús fueron a verlo, pero no podían llegar hasta donde Él estaba porque se lo impedía la mucha gente que lo rodeaba. Entonces alguien le dijo a Jesús: "Tu madre y tus hermanos están afuera y quieren hablar contigo". Jesús contestó: "Mi madre y mis hermanos son todos aquellos que escuchan la Palabra de Dios y la ponen en práctica".

Meditación

Respira con naturalidad.
Al espirar, repite mentalmente:
Aquí estoy, Señor.

Gesto compasivo

Inclina la cabeza y coloca tus manos cruzadas sobre el pecho.
Evoca a una de las muchas madres que conoces y que en estos momentos necesita ayuda...
Deséale que encuentre sosiego y paz... que sienta que no está sola... que descubra que la presencia amorosa de Dios la acompaña en su dolor.
Comprométete a permanecer cerca de ella para contribuir a aliviar su sufrimiento en la medida de tus posibilidades.

Oración final

Gracias, "Dios con nosotros"
porque a través de una madre
te has hecho uno con la humanidad.

Gracias porque María
suscita en nosotros
el valor de la maternidad
para ser hombres y mujeres
portadores de ternura.

Gracias porque aprendemos a querernos,
a protegernos mutuamente y a ampararnos
con maternal cuidado.

Que el sentido de la justicia
Ilumine nuestra vida de convivencia
y que tu voz dirija nuestros pasos:
"Amaos como hermanos".
Si convertimos tu mensaje en vida,
Vida engendramos

Gracias, "Dios con nosotros"
porque a través de una madre
te has hecho uno con la humanidad.

Made in United States
North Haven, CT
10 September 2026

18419715R00134